小大人的理財素養 1

跟著晴晴
學生活理財

從小開始學如何
存錢、用錢、賺錢，成為富小孩！

江季芸／著　蔡曉佩／繪

目錄

好評推薦

「謝謝宇宙，透過江季芸老師寫下了這本超級適合親子共讀的好書。讓我們從生活中開始學習理財，陪著孩子一起養出一隻會下金蛋的鵝！」

──Vito 大叔，大叔診聊室主理人、
夢想設計系系主任

「兒童學理財，價值觀念很重要，我很認同書中談到『投資的目的是為了增加一份收入來源，讓生活多一份保障』。作者盡可能用中庸立場談論價值觀，且搭配 108 課綱的核心素養，結合日常生活與理財觀念，非常適合國小生閱讀，開始『從生活，學財商』。」

──子欣，孩子的理財力教練

「淺顯易懂，確實是為孩子打造的一本基礎理財書！值得一讀。」

——畢德歐夫，專職投資人兼宅爸

「我有三個孩子，當他們就讀國小的時候，我便很希望臺灣的學校能跟國外一樣，設有理財教育課程。當孩子擁有正確的理財觀念，長大了才知道如何儲蓄，進而理財。本書運用與孩子息息相關的生活例子，帶領讀者一步步學習，更難得的是，內容配合 108 課綱的相關主題來撰寫。我最喜歡的章節，是通膨大怪獸把晴晴的錢一點一點的吃掉，正好呼應當下社會通膨、升息，導致總體經濟衰退的情形，江老師以簡單的計算與充滿想像力的故事，教會孩子通膨等概念。除了理財，這也是一本教孩子『施比受更有福』的書，加入了很多人生道理，大人看了，也深深感受到江老師對教育的熱

忱，以及希望現在的孩子變得比我們這一代更好的心意。本書適合親子一起閱讀，按照書中內容一步步建立起孩子的理財觀念。」

—— 陳詩慧，財經作家

「教孩子學會理財，讓他更有能力打理人生。」

—— 黃登漢，親子專家校長爸爸

「就算沒有富爸爸、富媽媽，透過這本書也可以順利養出一個富小孩！」

—— 愛瑞克，《內在原力》作者、
TMBA 共同創辦人

「我常說『時間是孩子最大的資產，投資複利從小開始』。跟著本書從生活學理財，知足幸福就是最大的財富。」

—— 豬力安，親子理財專家

「好習慣從小養起。以前正規教育中很少碰觸關於金錢方面的知識，以至於成年之後，許多人會為錢所困。《跟著晴晴學生活理財》這本書的問世，正好彌補了學校教育的不足。言教不如身教，希望家長們能和小朋友一起學習，全家都有好的理財觀念和紀律。」

—— 謝士英，《我 45 歲學存股，
股利年領 200 萬》作者

作者的話
為孩子搭建一座通往生活理財的橋

　　我在年屆不惑之後，才驚覺投資理財的重要性，即便年齡已經超越不惑，對投資理財還是感到相當困惑。雖然以前在學校學了不少經濟、會計、財務等科目，卻不知道如何將其應用至真實的投資世界裡，因此又花了將近半年時間大量閱讀坊間的投資理財書籍。

　　等到我開始投資，並累積數年的經驗之後，才發現自己似乎已經錯過了教育子女 FQ（Financial Quotient，財務智商、財商）的寶貴時機。我自己太晚開始投資已經是憾事一件，太晚啟發小孩 FQ 的觀念又是另一件憾事，基於這樣的遺憾，便興起了著手撰寫兒童理財書籍的念頭，期望能讓更多父母不要重蹈我的覆轍。

　　要讀懂投資理財書籍，對許多大人來說已經很不容易了，對孩子來說更是難上加難。首先，

我面臨到了一個問題，FQ 的範圍那麼廣，要如何界定出適合孩子閱讀的議題呢？於是我直接聚焦在 108 課綱，找尋「12 年國民基本教育課程綱要——社會領域」^{*}裡，與國民小學財務智商相關的學習主題，並以此為基礎來設計合適的章節內容。

接著，我發現「核心素養」是 108 課綱的課程發展主軸。所謂的「核心素養」是指現代人為了適應當今的生活、面對未來的挑戰，應該具備的知識、能力與態度。核心素養強調，孩子的學習不該局限於學科知識及技能，而應該關注學習與生活的結合。^{**}為了讓理財與投資的素養，能夠自然而然的成為小學生日常生活的一部分，我竭盡所能的將所有範例轉化成和孩子息息相關的內容，以期能引發他們的共鳴。因為孩子們都愛聽故事，而我又愛講故事，所以決定以故事的形式來撰寫這本書，為枯燥難懂的內容增添有趣的元素。

---

* 教育部國民中小學課程與教學資源整合平臺。https://cirn.moe.edu.tw/Upload/file/27799/68319.pdf

** 108 課綱資訊網。https://12basic.edu.tw/12about-3-1.php

　　現代社會的發展漸趨多元，我在撰寫本書時，試圖以中庸之道來闡述多數人普遍認同的觀點。然而，我也在某些內容中保留了一些空間與彈性，讓家長得以根據個人的價值觀來教育子女，使得實際做法能更貼近各個家庭的理念。此外，孩童也能藉由這些空間與彈性，培養出 108 課綱社會領域的課程目標——「提升獨立思考、價值判斷、理性決定與創新應變的素養」。

　　小學與幼兒園是培養親子關係的關鍵階段，家長可以藉由和孩子一起閱讀、互動的過程，凝聚親子情感，並成為子女的財商啟蒙老師。期待本書能成為孩子探索 FQ 的橋梁、引發他們的學習興趣、奠定 FQ 的基本知識，進而將 FQ 觀念落實到日常生活當中。

序章

下金蛋的鵝

　　晴晴在假日的午後，最喜歡坐在客廳的沙發上，請媽媽講故事給她聽。這一天下午，晴晴隨手從書架上取出《下金蛋的鵝》這本書，媽媽便開始講故事了。

　　從前，有一對貧窮的夫妻，因為生活很艱苦，便到廟裡拜拜，祈求神明賜給他們財富。回到家裡之後，客廳竟然金光四射，憑空出現了一隻鵝。

　　農夫看到這隻鵝，嘆了一口氣，說：「僅僅一隻鵝哪能變富有？我先把牠抓到屋外的柵欄裡，明天再把牠宰了，加些菜也不錯。」

　　隔天一早，農夫拿著屠刀走向這隻鵝，發現這隻鵝竟然下了一顆金蛋。

農夫不敢相信自己的眼睛，連忙大叫：「老婆、老婆，妳快來啊！」

農婦以為發生了什麼驚天動地的大事，慌張的跑了過去。這時，農夫拿起了這顆金蛋，大聲的說：「這隻鵝下了一顆金蛋！妳快幫我看看這是真的嗎？」農婦仔細端詳了金蛋一番，回答：「這是如假包換的金蛋！」

他們兩人又驚又喜的抱在一起，異口同聲說：「我們發財了！」

農夫隨即帶著這顆金蛋前往市場，將它賣掉，換來了一筆錢，開始採買五穀雜糧、蔬菜水果、豬肉和魚肉，並添購了不少衣服和鞋子，接著心滿意足的用推車將這些東西運送回家。夫妻倆吃完豐盛的午餐後，換上了新衣裳和新鞋子，在竹籃裡裝滿新鮮的水果，一同前

往寺廟，感謝神明讓他們發了一筆意外之財。

第二天早上，農夫喜出望外的發現，這隻鵝竟然又下了一顆金蛋，他趕緊再把這顆金蛋拿去市場賣，然後

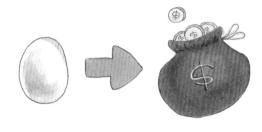

又購買了不少物品回家。

第三天早上，農夫懷著忐忑不安的心、躡手躡腳的走到鵝的身邊，發現鵝依舊下了一顆金蛋。農夫興奮的告訴老婆：「原來神明賜給我們一隻會下金蛋的鵝，看來我們這輩子可以不愁吃、不愁穿，安心過日子了。」

為了不讓這隻鵝遭受風吹雨打，農夫還在房子旁邊搭建了一個小小的鵝

舍，期待這隻鵝可以好好的下金蛋。

從此之後，這隻鵝每天都下一顆金蛋，所以這對夫妻變得愈來愈有錢了。他們不僅蓋了更大的房子，也將屋內裝潢得更豪華。粗茶淡飯已經無法滿足他們的胃，他們每天都吃山珍海味；樸實衣著已經無法滿足他們的需求，他們每天都穿昂貴的衣服、戴珠寶首飾。然而，每當看到飢寒交迫的窮苦人士，他們不僅沒有絲毫的同情心，也不想給予任何幫助。

他們過著錦衣玉食、揮霍奢華的生活，每天一顆金蛋所換來的金錢，漸漸無法滿足他們所有的欲望。這對

夫妻想，如果這隻鵝每天可以下很多顆金蛋，那有多好啊！

可惜的是，這隻鵝每天依然不多不少，就是下一顆金蛋。於是農夫心想，既然這隻鵝每天都可以下一顆金蛋，是不是代表牠的肚子裡有許許多多的金蛋？如果殺了這隻鵝，剖開牠的肚子，那不就可以取出所有的金蛋，我們馬上就能變成大富翁了！

農夫腦海裡浮現滿滿金蛋的畫面，臉上露出得意的微笑，便拿起屠刀，將這隻鵝給殺了。農夫滿懷期待的剖開鵝的肚子，裡面竟然什麼都沒有，農夫驚慌失措，不知道如何是

好。夫妻倆抱在一起放聲痛哭，但後悔也沒有用了。

這對夫妻因為失去了會下金蛋的鵝，他們每天再也沒有金蛋，又回到貧窮的生活。

聽完故事後，晴晴嘆了一口氣：「為什麼他們要這麼貪心？把鵝給殺了，這樣一來就失去一切了。」

媽媽便問晴晴：「如果有一個陌生人告訴妳，只要用一顆金蛋，就可以跟他換到一大袋金蛋，妳願意嗎？」

晴晴睜大雙眼、非常心動，差點脫

口說好，但她冷靜了一下回答：「如果換作是我有一大袋金蛋，我才不會笨到把它們拿去和別人交換一顆金蛋，只有傻瓜才會這麼做吧？」

這時，媽媽表情有點嚴肅的說：「產生貪念的話，就會一無所有。詐騙集團就是利用人『貪心』的弱點，到處招搖撞騙，有些人因為起了貪念而受騙，後悔莫及。妳長大後，會遇到各種千奇百怪、令人難以置信的誘惑，像是可以讓妳快速變富有的方法、輕輕鬆鬆讓錢翻倍的投資等。到時候，妳一定要小心謹慎，好好保護自己！」

晴晴用力的點點頭說好。

第 **1** 章

需要與想要

「這對夫妻明明每天都有一顆金蛋了，為什麼還不滿足？」晴晴忍不住納悶的問。

「因為人的欲望會愈來愈大，想要擁有的東西會愈來愈多，不知不覺中，就會花愈來愈多錢。這樣一來，錢當然就不夠用了。」

媽媽繼續回答：「妳有沒有聽過一句俚語是『需要有限，欲望無窮』？其實我們每天只需要一些東西，就可以滿足日常生活了，但是有些人卻有無窮無盡的欲望。當一個人的欲望沒有『窮』盡，為了滿足欲望，而把所有錢都花光光的時候，他就會變『窮』了。根據國外的統計，有些一夕致富的樂透得主，如果開始飲酒作樂、過著揮霍放縱的日子，平均五到七年後，就會花光所有的

樂透獎金，最後甚至淪為乞丐，流落街頭呢。」

此時，晴晴腦海中浮現乞討的畫面，突然想起老師教過的「樂極生悲」這句成語。

晴晴煩惱的說：「雖然每天真正需要用到的東西很有限，但我還是會有其他想要的東西，『需要』和『想要』，有時候真的不太容易區分呢。」

於是媽媽開始解釋：「『需要』是指日常生活中必備的東西，像是今天妳身上

穿的制服、球鞋，書包裡的課本、參考書、作業本，以及鉛筆盒裡面的自動鉛筆、藍筆、紅筆、橡皮擦、尺等，這些都是上學需要的『必需品』。然而，像是玩具或口香糖，就不是上課會用到的東西，它們就會被歸類在想要的『非必需品』。」

　　接著，媽媽又問晴晴：「妳認為農夫會需要這些東西嗎？」

　　晴晴回答：「農夫當然不會需要這些東西，他們應該需要斗笠、雨鞋、鋤頭、鐮刀等，耕

作時會用到的器具。」

「沒錯！妳需要的東西，不一定會是別人需要的東西。每個人也可能會因為年齡、職業的不同，或是因為參加特別的場合，而有不一樣的需要。像是妳在學校穿的制服，也和在家裡穿的便服不一樣。」媽媽說。

晴晴笑著說：「聽完媽媽這麼說，我比較清楚什麼是需要的概念了。像是鉛筆盒裡的自動鉛筆，就是屬於上課需要的文具。但是每次我去文具店的時候，看到架子上面的各種自動鉛筆，我都好想要。在這種情況下，需要和想要不就又變得一樣了嗎？」

為了讓晴晴做出區別，媽媽便上網搜尋了四枝自動鉛筆做為範例。

	圖片	款式	價格
①		普通款	25 元
②		普通款	30 元
③		功能款	140 元
④		造型款	280 元

　　媽媽請晴晴觀察這四枝筆有什麼不同之處。

　　「第 1 枝和第 2 枝是平常很容易見到的自動鉛筆，它們的款式普通，價格也比較便宜。第 3 枝是搖搖筆，所以它的價格貴很多。第 4 枝是卡通造型的搖搖筆，價格比第 3 枝貴了一倍。」晴晴回答。

　　媽媽接著問晴晴：「妳會選擇哪一枝呢？」

「如果我現在只是要買普通的自動鉛筆，第1枝和第2枝的品質和款式看起來差不多，我就會選便宜的。」晴晴很快的回答。

媽媽說：「沒錯，在相似的條件之下，選擇價格較低的商品，可以讓我們省下一些錢。」

這時，晴晴支支吾吾的說：「普通款式雖然比較便宜，但是對我或是其他小孩來說，我們心裡其實比較喜歡厲害的功能款，或是好看的造型款。有時候買完比較貴的款

式後，因為花了很多錢，也可能會感到後悔；但是有時候買比較便宜的普通款，又會感到失落。媽媽可以建議我，如果以後遇到這樣的狀況，應該怎麼辦呢？」

媽媽停頓了一下，笑著說：「這種選擇其實不僅對小孩而言有些困難，有時候，也會讓大人陷入天人交戰的局面。當東西的款式和價格差異很大時，媽媽就會這麼想：這個東西這麼貴，到底貴在哪裡？然後就會從功能方面進行評估，想想它可以對我產生多少價值和好處。如果使用比較貴的款式，它所創造出來的效果，遠遠超過比較便宜的款式，並且可以增加許多附加價值，如此一來，它的價格雖然比較貴，卻是貴得很合理。基於這樣的考量，媽媽

就有可能會買比較貴的款式，因為它是有價值的，所以值得付出比較多的錢來購買。」

「妳可以分析一下第3枝搖搖筆的功能嗎？」媽媽又問。

晴晴點點頭：「搖搖筆只要輕輕上下搖動，筆芯就會自動跑出來，比較好握，寫久了手比較不會痠。因為有彈性，所以寫字的時候，筆芯不會一直斷掉，這樣寫起來很流暢，字看起來也比較工整。」

聽完晴晴的想法後，媽媽回答：「所謂『工欲善其事，必先利其器』，這枝搖搖筆似乎可以為寫字帶來很多好處，所以是個不錯的工具。另外，它的品質看起來很堅固，用個五年應該不成問題，140元除以5等於28，也就是說，

平均下來一年的使用成本是 28 元。好好珍惜就可以用很久，這樣一來，它的價格就不算貴了。」

「如果手上的購物預算充足的話，就可以考慮選擇第 3 枝搖搖筆，而不是第 1 枝便宜的自動鉛筆，因為搖搖筆可以為妳帶來更高的『附加價值』。然而，如果妳目前沒有這麼多錢，買這枝筆對妳或是付錢的家長來說，它的負擔有點重，那麼就先退而求其次，買比較便宜的普通款。若妳真的很喜歡搖搖筆，就可以設定一個存錢計畫，存夠錢再買。」

晴晴覺得這個判斷方法很不錯，決定以後有機會要試著練習看看。

媽媽再請晴晴分析第 4 枝搖搖筆的功能。

「第 4 枝的功能和第 3 枝應該不會差太多，但是因為多了現在很流行的卡通造型，所以外觀非常吸引人。」晴晴回答。

媽媽瞧了瞧這枝筆：「它看起來的確很不賴。廠商為了製造這枝筆，應該額外付出了不少錢，例如設計費、卡通商標授權費、廣告費等，這些費用都必須算在產品成本裡，因此價格就貴了一倍。它一樣很堅固，可以使用好多年。但是流行性商品有一個大問題，就是如果一兩年後，那個卡通的熱潮已經消失，妳也會對這枝筆失去新鮮感和興趣，到時候手上拿著，看起來也會顯得過時，也和之後新流行的東西格格不入，多數人通常就會把它束之高閣，再也不使用了。自動鉛筆一定要有卡通圖

案才能寫字嗎？當然不需要。在這種情況下，我們就可以明確的判斷，這枝筆是『想要』而非『需要』了。」

「另外，也可以想一想，如果第 4 枝筆的新奇度只有兩年，280 元除以 2 等於 140，平均下來，一年的使用成本就要 140 元。媽媽的意思不是說不能買，而是面對愈貴的東西，妳愈要冷靜思考。有時候，不如給自己幾天的考慮期，或是再去其他商店比價看看，最後再做決定。」

「當然，還有非常重要的一點，妳必須原本就有充足的預算才能買它，千萬不要為了湊到這筆錢而犧牲掉其他的必需品。也不能超出自己的能力，為了買它而去跟別人借錢。總而言之，我們必須衡量自己的能力，量力而為。」

　　晴晴點點頭回應媽媽，同時，腦海中浮現從她上幼兒園到現在，流行過哪些卡通與電影，爸爸媽媽為她買過哪些周邊商品與文具。有些東西因為很快就用膩了，不是被收到櫃子，就是轉贈、回收或丟棄，想到這些畫面，晴晴心裡浮現一絲絲愧疚感。

　　有時候，需要和想要很容易搞混，媽媽決定進一步幫助晴晴釐清這二者的差異：

1. 自動鉛筆還沒壞掉，功能很正常，但是妳有點喜新厭舊，希望能再買一枝新的自動鉛筆。因為妳「已經擁有」自動鉛筆了，在這種情況下，再買一枝新的自動鉛筆，對妳來說就是「想要」而

非「需要」！

2. 自動鉛筆壞掉了，寫不出字。在這種情況下，一枝新的自動鉛筆對妳來說就是「需要」，因為沒有可以正常使用的自動鉛筆，妳就沒辦法完成學校的功課了，此時確實是需要再買一枝新的自動鉛筆。

比較「需要」與「想要」的差異

需要	想要
1. 無法正常生活或學習 2. 東西壞了，需要換新	1. 已經擁有 2. 喜新厭舊

晴晴輕輕嘆了一口氣，說：「我發現我們需要的東西，其實大部分都已經有了，但是因為常常看到其他同學有

什ㄕㄇ麼ㄜ˙、電ㄉㄧㄢˋ視ㄕˋ廣ㄍㄨㄤˇ告ㄍㄠˋ、商ㄕㄤ店ㄉㄧㄢˋ裡ㄌㄧˇ琳ㄌㄧㄣˊ瑯ㄌㄤˊ滿ㄇㄢˇ目ㄇㄨˋ的ㄉㄜ˙商ㄕㄤ品ㄆㄧㄣˇ，或ㄏㄨㄛˋ是ㄕˋ聽ㄊㄧㄥ到ㄉㄠˋ一ㄧˋ些ㄒㄧㄝ流ㄌㄧㄡˊ行ㄒㄧㄥˊ的ㄉㄜ˙話ㄏㄨㄚˋ題ㄊㄧˊ，結ㄐㄧㄝˊ果ㄍㄨㄛˇ禁ㄐㄧㄣ不ㄅㄨˋ起ㄑㄧˇ誘ㄧㄡˋ惑ㄏㄨㄛˋ。明ㄇㄧㄥˊ明ㄇㄧㄥˊ自ㄗˋ己ㄐㄧˇ的ㄉㄜ˙基ㄐㄧ本ㄅㄣˇ需ㄒㄩ要ㄧㄠˋ都ㄉㄡ已ㄧˇ經ㄐㄧㄥ有ㄧㄡˇ了ㄌㄜ˙，應ㄧㄥ該ㄍㄞ要ㄧㄠˋ懷ㄏㄨㄞˊ抱ㄅㄠˋ著ㄓㄜ˙知ㄓ足ㄗㄨˊ的ㄉㄜ˙心ㄒㄧㄣ，但ㄉㄢˋ是ㄕˋ大ㄉㄚˋ家ㄐㄧㄚ卻ㄑㄩㄝˋ喜ㄒㄧˇ歡ㄏㄨㄢ互ㄏㄨˋ相ㄒㄧㄤ比ㄅㄧˇ較ㄐㄧㄠˋ，炫ㄒㄩㄢˋ耀ㄧㄠˋ來ㄌㄞˊ、炫ㄒㄩㄢˋ耀ㄧㄠˋ去ㄑㄩˋ，

欲望愈來愈高，就愈來愈不知足。眼睛裡只看到自己沒有的東西，卻忽略了自己擁有的東西，難怪很多人會經常抱怨，一點都不開心。」

　　眼看晴晴已經可以區分出需要和想要的差別，媽媽不忘叮嚀：「因為我們的資源和金錢是有限的，所以在面對需要和想要的時候，必須有所取捨。妳必須根據輕重緩急來做選擇，先滿足需要，行有餘力再去滿足想要。要記住『先需要，再想要』及『先求有，再求好』的基本原則！」

　　此時，晴晴恍然大悟：「這對貪心的農夫和農婦，他們無法克制心中無窮的欲望，才會動手殺了那隻鵝。」

　　然後晴晴趕緊走到她的撲滿旁邊，輕輕撫摸著小豬公，說：「不用擔心我

42

會把你殺掉，我會好好的把你養大。　」

第 2 章

聰明消費

　　看著晴晴似乎已經懂得如何區分需要和想要的差異，媽媽繼續說：「即使每天都獲得一顆金蛋，如果任意揮霍也是不夠用的，更何況一般人的金錢是有限的，應該妥善安排金錢的用途。如果可以成為理性的消費者，就可以提升金錢的效用。我們都會購買東西來滿足生活所需，既不要讓自己成為揮金如土的放縱者，也不要讓自己成為一毛不拔的鐵公雞，該花則花、當省則省。只要學會在『揮霍』與『吝嗇』之間，取得平衡點，就可以聰明消費，自在生活了。」

　　晴晴覺得很有道理，便問媽媽有沒有方法可以幫助自己成為一個聰明的消費者。

　　媽媽告訴晴晴：「要如何成為一個聰明的消費者，以及什麼樣的人才稱

得上是聰明的消費者，並沒有一個放之四海而皆準的做法，也沒有一套標準的衡量方式。因為每個人的經濟條件、家庭組成、職業類別、價值觀、家庭觀、居住的地區與環境……各種因素都不一樣，所以便形成了不同的生活模式與消費需求。此外，有時候人們也會因應一些特殊狀況或場合，而做出有別於平常的選擇。」

「雖然如此，如果我們把消費行為轉換成一系列步驟的話，就會比較容易執行，這些步驟包含了：①確認需要 ➡ ②列出採購清單 ➡ ③分析比較 ➡ ④購買 ➡ ⑤評估結果。不如妳把老師發的『開學物品檢查表』拿出來，我們藉這個機會練習一下吧！」

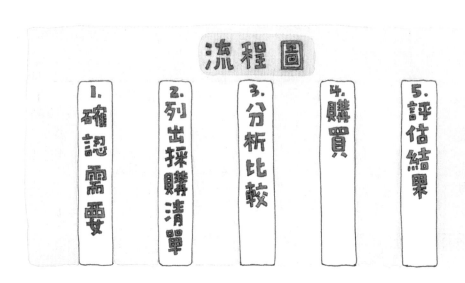

確認需要

媽媽指著「開學物品檢查表」說：「老師在這張表單上，清楚列出了開學所『需要』準備的必需品，妳先看看上面有哪些項目，然後打開書包、手提袋、抽屜、櫃子，把規定的東西一項一項找出來。有找到、而且功能是正常的，就先把它們放到桌上，然後在檢查

表上面打勾。」

晴晴花了一些時間，一一尋找檢查表上面所列的項目，並把找到的東西打勾確認。

「媽媽，我檢查完了！」

媽媽接著問晴晴：「檢查表上面有哪些東西是沒有打勾的？」

晴晴看了一下後說：「書套、膠水、安全剪刀、小筆記本、資料夾這五項。舊的安全剪刀的把手裂掉了，這樣用起來有點危險，所以應該要再買一把新的。小筆記本已經寫到剩下沒幾頁了，所以也需要再買。」

媽媽告訴晴晴：「透過這樣的檢查與分析之後，就可以明確的判斷還缺少哪些必需品，如此一來，就完成了第一個『確認需要』的步驟。」

開學物品檢查表

文具用品	☑ 鉛筆盒（含尺、橡皮擦、鉛筆） ☑ 書包　☑ 墊板　☐ 書套 ☐ 膠水　☐ 安全剪刀 ☑ 彩虹筆、彩色筆、蠟筆（各20色左右） ☐ 小筆記本　☐ 資料夾
衛生用品	☑ 兒童環保餐具　☑ 牙刷、牙膏、漱口杯 ☑ 衛生紙、手帕　☑ 水壺（500cc） ☑ 可掛的抹布

列出採購清單

「妳去拿出紙筆來，把這五項文具用品的名稱寫到紙上。」

「為什麼要這麼麻煩？記到腦海裡就好了啊。」晴晴疑惑的問。

媽媽解釋：「商店又大又好逛，一

般人容易東看看、西瞧瞧，受到太多東西吸引，忍不住就把原本沒有預計要買的東西，放到購物籃或推車裡面。回家以後，才發現買了許多不該買的東西，反而遺漏了應該買的東西。」

晴晴哈哈大笑：「對！像上次我們出門說要買草莓果醬，隔天早上烤完吐司後，才發現忘了買，最後只好單吃烤吐司了。出門前把要買的東西先列成清單，這樣才不會忘記，這真是一個不錯的方法。」

媽媽繼續補充：「採購清單還有一個功能，它可以讓妳看到，自己究竟還

買了哪些沒有在計畫內的東西，可以發揮警示的作用，讓人在買東西的時候比較理智，也比較節制。」

分析比較

「說到買東西這件事，我常常聽別人說要精打細算、把錢花在刀口上，但是這要如何才能做到呢？」晴晴問。

媽媽想了想，說：「我們想要購買的某項商品，通常會有好多廠商，提供不同的品牌和款式，給消費者選擇。所謂的精打細算，就是比較各種款式的品質、功能、材質、原料、成分、包裝、容量、重量、尺寸、大小、耐用度、美觀、環保等方面的優缺。基本上，整

體表現愈好的商品，它的製作成本也就愈高，所以價格通常會比較貴，這就是『一分錢、一分貨』的道理。」

「但是，只要我們願意花時間尋找，還是有機會能發現一些品質不錯、價格相對便宜的商品，也就是經常聽到的『CP 值很高』的意思。一旦把錢用來購買這類商品時，就等於『把錢花在刀口上』了，因此，有些人在購物時，願意多花心力去貨比三家。」

媽媽繼續補充：「不要一味追求最便宜的價格，因為太便宜的東西可能材質很差，用一下子就壞了，妳還得再花一筆錢來買新的，如此一來反而不划算。相反的，如果每項商品都要求完美，就必須付出很高的代價，很快就會把錢花光光。所以，我們應該依照當時

的購物目標與需求，挑選價位比較合適的商品。」

最後，媽媽又提醒晴晴：「有時候，也需要注意一下價格和數量之間的關係。例如，有兩款自動鉛筆筆芯，品質相同，而且訂價都是 30 元，其中一盒的容量是 20 根，另一盒是 15 根，這時候就應該選擇有 20 根的那一款，比較划算。」

「再來，有另外兩款筆芯，品質相同，但是訂價卻不一樣，這時妳就可以換算一下筆芯的單價。例如，第一款是 30 元、容量 20 根；第二款是 20 元、容量 10 根。乍看之下，20 元的比較便宜，但是經由計算後發現，30 除以 20 等於 1.5，所以第一款筆芯的單價是 1.5 元；20 除以 10 等於 2，所以第二款筆芯的單價是

2元。比較之後才知道，原來第一款的總價比較高，但單價比較低；第二款的總價雖然比較低，單價卻比較高。妳有沒有發現，原來廠商的訂價方法暗藏很多玄機？如果想要當個聰明的消費者，發揮金錢的效用，買東西前最好還是花些心思分析一番。」

晴晴消化完媽媽的說明後，有感而發的說：「原來價格的高低除了有數字上絕對的差異之外，也包含了相對上的差異，我以前從沒有這麼想過呢。」

購買

「在相同品質下，選擇價格比較低的商品，這個很簡單。然而一分錢、一

分5貨 ， 當2東2西I的2品3質w不4一一樣表時产 ， 就3會3有3
高2價3 、 中2價3 、 低2價3 ， 不4同2等2級2的2商2品3 ，
這3時产候3應2該3買3貴3的2 ， 還3是产買3便3宜一的2東2西I
呢3 ？ 」 晴3晴3提2出2疑一問5。

　　媽5媽5回3答3 ： 「 不4少3人3在3買3東2西I時产 ，
確3實产會3遇2到2這3樣3的2困3擾3 ， 不4知2道2如3何2選3
擇3。 為3了3解3決3這3個2問5題3 ， 我3們3在3買3東2西I
之2前3 ， 必3須3先3設3定3好3自产己2的2 『 預2算3 』 ，
也3就3是产妳3預2計3要3花3多2少3錢3
來3購3物x。 當2妳3有3比3較3多2
的2預2算3時产 ， 就3可3以一買3
好3一一點3 、 貴3一一點3的2
款3式产 ； 當2妳3的2預2算3
比3較3少3時产 ， 就3買3普3
通3一一點3 、 便3宜一一點3
的2款3式产。 此产外3 ， 如3
果3妳3同2時产要3買3好3幾3

項東西，也可以安排其中一兩項，挑選自己比較喜歡、比較貴的款式，其他東西就買比較便宜和普通的款式。只要不超出預算，就能自由搭配，彈性選擇適合自己的商品組合。」

晴晴開心的說：「有些東西的確不需要用到太好，倒不如把這些錢轉移到我比較在意的東西上，這個分配預算的方法很不錯呢！」

評估結果

媽媽露出笑容，說：「我們終於來到最後一個步驟了。買完東西後，妳也要評估它們好不好用、用起來效果如何、滿不滿意。如果不錯的話，以後就

可以繼續購買這項商品，甚至考慮買這家公司的其他商品。如果用起來結果不好，以後就要避免再買這項商品，改買其他牌子。」

晴晴回憶起過去的經驗，點點頭說：「之前我買了一個橡皮擦，怎麼擦都擦不乾淨，重複擦來擦去的下場就是把作業本擦破了，所以我再也不想買那個牌子的橡皮擦。不過，上次買的那本小筆記本的紙很好寫，而且設計很可愛，我這次還要再買它的其他款式。」

聽完媽媽介紹購物的步驟後，晴晴滿懷信心，想要當個聰明的消費者，她已經迫不及待要去採買開學用品了。

看到晴晴興致勃勃的模樣，媽媽不忘提醒她，商店常常會舉辦促銷活動，好好利用的話，可以節省荷包、獲得額

外利益；但如果忍不住誘惑，亂買一通的話，可能會讓荷包大失血。

如果自己需要的東西，剛好在打折或送贈品，而且品質等方面都很不錯的話，就可以考慮購買這個品牌；如果它剛好就是你平常習慣使用的品牌，也能考慮多買幾份備用，但是適量就好，千萬不要過度囤積。看到自己用不到的東西在打折，也不要抱持著很便宜、不買可惜、以後一定會用到的心態來買，因為如果買回家後用不到，最後還是會收到櫃子裡，這筆錢就白白浪費了。

有些東西其實不是自己需要或喜歡的，只是因為附贈了吸引人的贈品才購買。回到家後，這些可有可無的東西就不會被珍惜，這時你才發現原來自己買的是贈品，而不是商品。每當看到商店

裡有讓人愛不釋手的東西，比較好的方法是，先忍住衝動購物的欲望，讓自己回家冷靜思考兩三天，想想看：

- 那項商品真的這麼好嗎？
- 家裡有沒有其他類似的東西？
- 它有什麼功能？
- 可以產生什麼價值？
- 可以在什麼場合使用？

• 你會如何使用？

• 你會物盡其用、好好珍惜這項東
西，還是你已經可以預料到，自己
用了幾天後就會膩了呢？

如果仔細評估後，真的非常值得，
你就可以放心的購買它，並相信自己做
了正確的決定。

購物時還有一些可以注意的地方。
例如，有些商品包裝很多層、非常精
美，所以價格比較貴，比較適合做為送
人的禮物。平常自己使用普通包裝的商
品就好，一來便宜，二來也比較環保。

另外，像是家電、家具、家庭用
品，這類價格比較高的物品，因為不同
商店的訂價差異很大，貨比三家的話就
可以省下不少錢。但像是一些單價比

較低，或比較不重要的東西，就算花了很多時間去比價，也只能節省一點點的錢，或是增加一點點利益。所謂「時間就是金錢」，大家會注意金錢的效用，卻常常忽略了時間的效用，我們不妨把寶貴的時間用在其他更重要的事情上。

　　總之，就算已經學到了理性消費的購物步驟，實際購物時仍然需要考量其他因素。買東西時應該保留一些做決定的彈性與空間，這樣就能好好享受購物的樂趣，並完成購物的任務！

第 3 章

我的志願

「如果那對貪心的農夫農婦知道聰明消費的方法，也許就不需要動那隻鵝的歪腦筋了。」晴晴有些感嘆。

媽媽反過來問晴晴：「現在這對夫婦失去了賴以維生的鵝，沒有收入來源了，以後要怎麼生活呢？」

「我覺得他們可以去找一份工作，」晴晴說，「這樣一來，他們每個月就可以領到薪水了。」

媽媽開始解釋，其實賺錢的方法有很多種。有些人決定自己創業當老闆；有些人覺得創業的風險太大了，找份安定的工作，收入比較有保障；有些人不喜歡朝九晚五的工作模式，所以成為自由工作者，工作時間比較彈性。有些人為了有更多收入，還會去兼差或打工，或是把存下來的錢拿去做投資。此外，

有些家庭是雙薪家庭，爸爸媽媽都有自己的工作；有些則是只有爸爸或媽媽一個人外出上班，另一人負責打理家人的生活。

「我們家的情況是，爸爸和媽媽兩個人都去上班賺錢。我們領到了薪水，就可以支付妳的學費、補習費，帶妳去看電影、買玩具，也能給妳一些零用錢。我們的薪水也會用來買蔬菜水果、

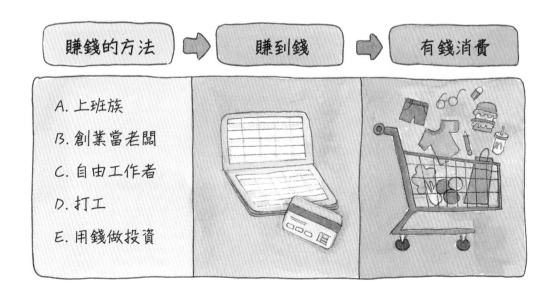

雞鴨魚肉、衣服鞋子，甚至繳交房子和汽車的貸款，還有電費、水費、瓦斯費、勞健保費、保險費等。我們生活所需的這些事物，都需要透過金錢來進行交換、獲得滿足。」媽媽笑著說明。

「哇，感覺上每天都要花好多錢！」晴晴擔心的問，「爸爸媽媽賺到的錢，會不會一下子就花光光了？」

媽媽看著晴晴，說：「有些人一領到薪水便開始大花特花，還沒到月底就沒錢了，只好餓肚

子、省吃儉用，祈禱下個月發薪水的日子趕快來。大家習慣把這種人稱為『月光族』。」

媽媽又說：「妳有沒有發現，其實那對夫婦是『日光族』，因為他們每天都把金蛋換來的錢全部花光光？」

晴晴和媽媽不約而同的說：「日光族！」一起哈哈大笑了起來。

「裁縫師設計了美麗的衣裳，鞋匠製作出保護雙腳的鞋子，農夫栽種蔬菜水果，快餐店阿姨烹煮美味的便當，飲料店的店員調製好喝的珍珠奶茶，公車司機載我們去想去的地方，清潔人員幫我們清運垃圾，警察保護我們的安全……每個人上班除了賺到錢之外，也都為這個社會奉獻了一份力量。我們生活中所需的『食、衣、住、行、育、樂』，

73

都是透過工作賺到的錢來進行交易，這也是經濟運作的原理。」

媽媽若有所思的對晴晴說：「如果妳能想想自己喜歡做什麼事情，對哪類東西特別有興趣，長大後從事相關的職業，妳工作時就會很開心，也會很有成就感。」

晴晴端起盤子，一口接一口吃著草莓蛋糕，然後興奮的說：「我長大後要當烘焙師傅！幫小孩子製作出美味又可口的生日蛋糕。當電燈關閉，大家在唱生日快樂歌時，燭光將會照亮我精心設計的蛋糕，讓小孩子實現每一個生日願望。」

第 **4** 章

養成儲蓄的好習慣

「可是媽媽，妳還沒回答我剛剛的問題，」晴晴不放心的說，「妳和爸爸是不是每個月都把錢花光光？」

媽媽笑著說：「當然不是啊。」

晴晴鬆了一口氣，媽媽繼續說：「人們常常在不知不覺中，花了比自己想像中還要多的錢。為了避免到月底時發生錢不夠用的情況，我們應該事先安排好每個月薪水的用途。首先，最重要的事情，就是把一部分的薪水『先』存起來。」

晴晴好奇的問：「媽媽，妳為什麼要特別強調『先』這個字呢？」

媽媽很高興晴晴有聽到「先」這個關鍵字，便開始解說：「許多人在月初領到薪水之後，便下定決心這個月一定要存錢。但是，生活中總是有各種需要

付錢的原因，錢花著花著，不知不覺就到了月底，那時薪水也花完了。下個月領薪水時，又再度立下要存錢的願望，然而日復一日、月復一月、年復一年，每個月的薪水都隨著時光流逝，結果根本沒有存到多少錢。既然『先花錢、再存錢』的消費習慣不容易存到錢，我們

就把這個順序顛倒過來，『先存錢、再花錢』，如此一來，就能養成儲蓄的好習慣了。」

晴晴覺得這個方法聽起來很不錯，但還是有些疑惑：「如果有一個人，他每個月的薪水用來支付生活開銷剛剛好。現在，他把一部分的薪水拿去存起來的話，剩下的錢不就不夠用了嗎？」

媽媽看著晴晴說：「有些存不到錢的人，他們和妳有同樣的擔憂，便直接打退堂鼓。如果先把一部分錢存起來，確實會減少能花費的錢，但是，我們也可以檢視過去究竟都把錢花到哪些地方，有哪些支出太浪費、有哪些東西是可買可不買的。還有啊，妳還記得媽媽之前說過的『先需要，再想要』原則嗎？人們經常把金錢花在一些不必要的

項目上，其實減少這類支出，根本不會對生活造成影響。只要願意改變消費習慣，就能開始存錢了。」

需要	想要
1.無法正常生活或學習 2.東西壞了，需要換新	1.已經擁有 2.喜新厭舊
花錢購買	先把錢存起來 ➔ 不買也沒有關係

聽完媽媽的講解，晴晴覺得儲蓄好像沒有想像中困難，但她仍然有些不明白，便問：「每個月都有固定薪水可以花就好了，為什麼還要多此一舉，把錢存起來呢？」

原來，晴晴把儲蓄這件事看得太單純了，媽媽便告訴她：「對大人來說，

儲蓄不是像小孩一樣，把錢丟進撲滿，讓裡面的金錢一直增加就好了，它還擁有一些特殊的功能，像是做為『緊急預備金』、『家庭計畫基金』、『投資基金』、『增加安全感』等。」

緊急預備金

對小孩而言，這四個名詞似乎有點太難了，媽媽慢慢的解說起來：「所謂『天有不測風雲、人有旦夕禍福』，遭遇緊急狀況時，身上如果有積蓄，就可以立刻拿出錢來處理問題。

當儲蓄做為這種用途時，就叫做『緊急預備金』。像是家人生病，需要住院開刀、遇到車禍事故，需要賠償對方、天花板漏水、汽車故障，需要修理等意外狀況，通常都需要支出一大筆錢。此外，2020年後，因為新冠肺炎疫情的關係，讓不少店家生意一落千丈，或是配合政策必須暫時關門，有些人因此失業沒有收入，讓

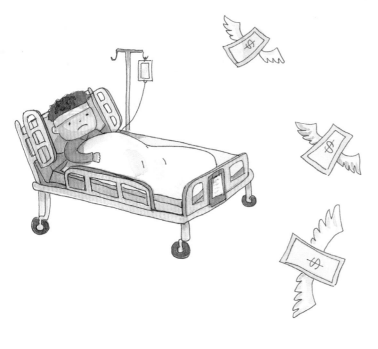

家庭經濟陷入危機。對於原先就有準備預備金的人來說，他們的家庭就不會因為沒有收入而影響生計，可以利用儲蓄，度過這個暫時的財務危機。」

聽完這個例子，晴晴馬上想到了一件事：「這學期開學時，我們幾個好朋友討論要一起參加課後的直排輪社團。沒想到其中一個同學，他爸爸暑假的時候發生車禍，住院時需要一大筆醫療費，還好爺爺奶奶有幫忙出一部分的錢。他爸爸受傷住院，不能工作，所以那段期間家裡就沒有了收入。我同學因為知道家裡的經濟狀況有問題，就說下學期再和我們一起上直排輪課。」

「幸好，他爸爸現在身體已經完全康復，也回去上班了，所以我同學的臉上也恢復了笑容。遭逢意外時，如果沒

有預備金，就會影響生活。我以前從來都不知道，原來儲蓄這麼重要，可以幫助我們度過難關啊！」

家庭計畫基金

　　晴晴迫不及待的想知道儲蓄還有哪些不為人知的功能，便催促著媽媽繼續說下去。

　　媽媽接著說：「我們平常大致上過著例行性的生活，做著大同小異的事情，所以平日的開銷大多數都是一些常見的項目與金額。但是，隨著人生邁入不同的階段，家庭可能就會需要一些重大的計畫，例如買房子、買車子，這些計畫需要龐大的資金，所以必須進行

長期儲蓄來累積金額。另外，像是電視機、冰箱、冷氣機、洗衣機等電器，使用久了難免會老舊或故障，也需要存一筆汰舊換新的預算。」

「還有，出國旅行需要不少旅費，沒有事先儲蓄起來的話，一般家庭很難馬上拿出一大筆的旅費。有別於用來處理意外事件的緊急備用金，這些支出都是為了特定目標而設定的，但是它們需要的金額比較大，因此必須從長計議。如果我們儲蓄的目

的是為了這類計畫，就可以設置一個專屬的『家庭計畫基金』，一來可以掌握儲蓄的金額，二來也不會和其他項目搞混，或是不小心挪至其他用途了。」

一聽到出國旅遊的例子，晴晴的精神都來了，笑著跟媽媽說：「雖然這幾年受到疫情的影響而無法出國玩，但是我們的旅遊基金還是要持續存下去！」

投資基金

「這樣聽起來，儲蓄的好處真不少，可以請媽媽再告訴我儲蓄的其他功能嗎？」晴晴在不知不覺中已經聽出興趣了。

媽媽接著說：「我們為緊急預備金

和家庭計畫所存的錢，一旦使用了，這筆錢也就消失了。也就是說，儲蓄金額通常會慢慢的增加，把錢花在特定用途後，儲蓄金額就會減少，然後再增加，又再減少。由於不斷重複著這樣的過程，儲蓄金額似乎一直在原地踏步。好多人發現長期下來，根本沒有存到什麼錢，因此感到心灰意冷，並且失去繼續儲蓄的動力。」

「之所以會發生這樣的狀況，是因為他們沒有執行儲蓄另一個非常重要的功能，也就是把一部分的錢拿來做為『投資基金』。唯有把『金錢』轉換成『資產』的形式，才有辦法啟動金錢的『增值功能』，也就是利用金錢再創造出金錢……」

「媽媽！快點教我這個魔法，」

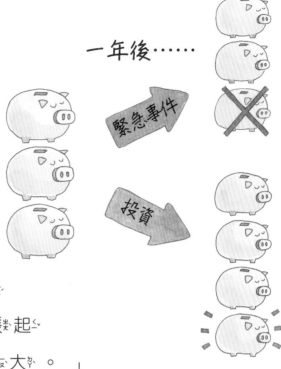

一年後……

緊急事件

投資

還沒等到媽媽講完，晴晴興奮的指著她的撲滿說，「我想讓豬公裡面的錢就像吹氣球一樣，馬上膨脹起來，變得又圓又大。」

媽媽不疾不徐的說：「有些人抱著賭博的錯誤心態，把投資當作一場金錢遊戲。他們急著想要利用投機取巧的方法，用最快的速度賺大錢。結果因為忽略了風險，反而失去了辛苦存下來的寶貴金錢，真是得不償失啊！」

晴晴嚇出了一身冷汗，害怕的說：「偷雞不著蝕把米，我可不想因為投機

而造成損失，請媽媽以後再教我一些安全的投資觀念與方法吧！」

增加安全感

「我記得，媽媽說儲蓄還有第4個功能，是什麼呢？」晴晴好奇的問。

媽媽說：「儲蓄有各式各樣的功能，每個功能的重要性排序也會因人而異。為了讓妳記住重點，所以媽媽只列出了儲蓄最基本的四個功能，現在，我們就來聊聊最後一個功能——『增加安全感』吧！」

「妳有聽過『錢不是萬能，但沒有錢萬萬不能』這句話嗎？我們每天都必須以金錢來交易日常所需的東西，

所以每個月領到薪水後，金錢就如同沙漏裡的沙子一點一滴的流逝。當妳發現錢包裡的錢，或銀行帳戶裡面的餘額愈來愈少時，內心的擔憂或壓力就會蜂擁而至，這些都會影響身體和心靈健康。但是，對於有儲蓄習慣與規劃的人或家庭來說，因為他們身上有一筆存款，可以用來應付緊急事件、準備家庭計畫，以及進行投資，這些安定的力量就能讓人們的生活獲得保障，不知不覺中也增加了安全感。」

晴晴依偎在媽媽身旁，感激的說：「我把錢存

第 5 章

製作零用錢
預算圖

「現在，我已經知道儲蓄的重要性了。除了儲蓄，大人也會為每個月的薪水安排用途嗎？」晴晴認真的提問。

媽媽點點頭：「如果想要讓財務更健全，就需要分析家庭有哪些支出項目，以及思考如何安排有限的薪水，這就是大人說的『制定預算』。為了不讓自己變成月光族，首先最重要的事情是什麼呢？」

晴晴毫不猶豫的說：「我知道！要先把一部分的錢存起來。」

媽媽很欣慰晴晴記住了：「沒錯，我們最少要先把薪水的十分之一給存起來，也就是在我們把工作賺來的錢付給別人之前，『優先支付給自己』，這筆儲蓄可以做為『緊急備用金』或『投資基金』。接下來，把十分之一做為『家

庭計畫基金』存起來，準備之後用來買汽車或大型家電用品。再來，把十分之六的比例，用來支付食衣住行這類的生活必需項目及貸款；還有十分之一的比例，用來支付醫療保險；最後十分之一的比例，用來做為家庭娛樂基金。這些項目的內容及金額比例都可以改變，每個家庭都應該根據各自的狀況與需要，進行調整。」

然後，媽媽拿出一張紙，用筆在上面畫出一個比例圖給晴晴看。

晴晴看了覺得很新奇：「我也想幫零用錢做個預算分配圖，但是我又

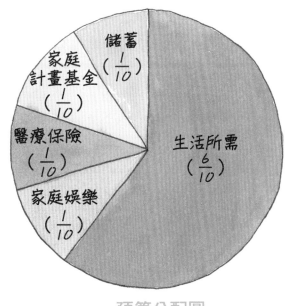

預算分配圖

不像大人一樣，需要付什麼電費、保險費之類的，那我可以怎麼安排金錢的用途呢？」

媽媽問晴晴：「妳還記得媽媽剛才告訴妳，長大後如果不想變成月光族，應該怎麼做？」

「記得啊，」晴晴說，「最少要先把薪水的十分之一給存起來！」

「妳很棒，記住這件事了。除了一些餅乾、文具，妳還有沒有希望擁有的東西，但因為價格有點貴，所以目前買不起它呢？」媽媽問。

晴晴害羞的說：「有啊，我之前看到一款很好玩的桌遊，但是要將近 1,000 元，

好貴呀。」

媽媽分析給晴晴聽：「妳看，這個桌遊的金額比較高，需要花比較多時間才能存到這筆錢，有沒有像是『家庭計畫基金』的概念呢？妳可以把每個月的零用錢，撥出十分之三的金額存起來，當作是一項專屬的『願望基金』，把這筆存款用來購買這個桌遊。最後，就可以把剩下來十分之六的錢，全部花在妳平常想要買的東西了。只要妳事先把零用錢的用途做好安排——」

這時候晴晴搶著回答：「我不僅能跟以前一樣，可以買到平常喜歡的東西，甚至還可以存到錢，並買到夢寐以求的玩具，這就是巧克力廣告說的『一次滿足三個願望』啊！」

晴晴拿出紙和筆，在上面計算著：

「 我一個月有 600 元零用錢，十分之一要先存起來，600 乘以十分之一是 60 元。接下來，十分之三要保留給桌遊，600 乘以十分之三等於 180 元。600 元減掉 60 元，再減掉 180 元，我每個月還有 360 元，可以用來買其他東西。 」

$$600 \times \frac{1}{10} = 60$$

$$600 \times \frac{3}{10} = 180$$

$$600 - 60 - 180 = 360$$

　　晴晴如法炮製，在紙上畫了一個零用錢的預算分配圖，並且塗上不同的顏色來做區分。桌遊是 900 元，每個月存 180 元，900 除以 180 等於 5，也就是說，五個月後晴晴就有足夠的錢買桌遊了。晴晴把零用錢預算分配圖拿給媽媽看。

　　「雖然要等五個月才能買到桌遊，但是我想要試試看！」晴晴滿懷期待。

晴晴的零用錢預算分配圖

第 **6** 章

我的記帳本

看到晴晴興致勃勃的想展開這個計畫，媽媽為了避免她半途而廢，就從抽屜中拿出一本記帳本，教她如何記帳。

媽媽說：「妳每個月一領到零用錢，就先登記日期，例如8月1日，然後在『項目』欄寫上零用錢，在『收入』欄寫上600，『餘額』欄寫上600。因為一開始就要先存下十分之一，也就是60元，所以要接著寫新的一行，在日期寫上8月1日，項目欄寫上儲蓄，『支出』欄寫上60，原本的零用錢600元減掉儲蓄60元後，剩下來的540元，就把它寫到最後面的餘額欄。接下來，再寫一次8月1日，然後在項目欄寫上桌遊基金，在支出欄寫上180，540元減掉180元後，剩下來的360元，就把它寫到餘額欄。」

　　「之後，每當妳花錢的時候，就把東西的名稱寫在項目欄，購買金額寫在支出欄，剩下來的錢再寫到餘額欄。例如，8月3日妳買了一個25元的麵包，就在項目欄寫上麵包，在支出欄寫上25，原本餘額是360元，減掉25元後，新的餘額就變成335元了，所以要在餘額欄寫上335。」

　　「除此之外，每當妳獲得一筆新的收入時，就把原因寫在項目欄，金額寫在收入欄，跟原有的錢加總後的金額，再寫到餘額欄。例如，8月5日獲得50元獎勵金，就在項目欄寫上獎勵金，在收入欄寫上50，原本的餘額335元，加上50元後，就增加為385元，最後就在餘額欄寫上385，這樣就大功告成了。以上這些步驟，就是大人所說的『記

帳』，只要耐心的把每一筆收入、支出都記錄下來，以後就能清楚掌握零用錢的來龍去脈了。」

晴晴趕緊翻箱倒櫃，找出一個漂亮的餅乾鐵盒，並且在一張彩色紙上寫「願望基金：桌遊，金額：900元」，

日期	項目	收入	支出	餘額
				600
8月1日	零用錢	600		600
8月1日	儲蓄		60	540
8月1日	桌遊基金		180	360
8月3日	麵包		25	335
8月5日	獎勵金	50		385
8月12日	便利貼		23	362

然後在彩色紙背面塗上膠水，將它牢牢的貼在鐵盒上面。

桌遊基金

晴晴把鐵盒放在撲滿旁邊，認真的說：「等幾天後，我拿到零用錢，我要先把60元存到撲滿裡面，再把180元放到鐵盒裡面。」

當天晚上晴晴睡覺時，做了一個香甜的美夢，她邀請小妍、凱恩及文華到家裡玩。大家一邊玩著桌遊，一邊吃著媽媽準備的點心，嘰嘰喳喳的歡笑聲，差點就把屋頂給掀開了呢！

第 **7** 章

通膨大怪獸

　　晴晴一領到零用錢之後，便立刻把60元投入撲滿，再把180元放到餅乾盒，剩下來的錢就收到自己的錢包裡面。接著晴晴拿出記帳本，仔細記錄每個項目和金額，完成了所有步驟後，她覺得很有成就感。

　　在接下來的日子裡，每當晴晴有了消費支出，當天晚上她就會確實的把它們寫到記帳本中。然而，還沒有到月底的時候，晴晴發現她的零用錢快要花光光了，她突然意識到自己即將變成月光族，便提醒自己下個月要節省一點。

　　等到下個月領到零用錢時，晴晴一樣把儲蓄和要買桌遊的錢，分別放到撲滿和鐵盒裡，並且持續記錄在記帳本上。到了這個月的最後一天，晴晴竟然還剩下40元，她便問媽媽應該如何處理

這40元。

媽媽說，可以把每個月沒有花完的錢，存到撲滿裡或是放到鐵盒中。如果決定存到撲滿，就在記帳本的項目欄中寫上儲蓄，支出金額40元；如果決定放到鐵盒裡，就在記帳本的項目欄中寫上桌遊基金，支出金額40元。最後，餘額要寫上0元。

媽媽也補充，小孩子的記帳本不要搞得太複雜，每個月都把餘額「歸零」，下個月從頭開始記錄，這樣比較簡單。晴晴聽說只要一直存錢、一直存錢，長大後就可以變成「小富婆」，所以決定把這40元存到撲滿裡。一想到自己以後變成有錢人的模樣，晴晴忍不住笑了出來。

這時候，媽媽把晴晴以前的撲滿從櫃子上面拿下來，問晴晴：「妳知道這裡面一共存了多少錢嗎？」

晴晴看著塞滿了1元、5元、10元，大大小小銅板的撲滿，搖搖頭表示猜不到。

媽媽便教晴晴可以在撲滿下面放一張紙，每當她投錢到裡面時，就可以在紙上記錄日期和金額，這樣一來，她

就可以知道自己究竟存了多少錢在撲滿裡了。同樣的，也能放一張紙到鐵盒裡面，每次放錢進去都登記在紙上，這樣也能清楚的算出，到目前為止總共為桌遊基金累積了多少金額。

晴晴覺得這個方法實在太棒了，便趕快拿出紙，並翻開記帳本，把過去兩個月的紀錄寫到紙上。

到了第五個月，晴晴期待已久的日子終於到來，她已經達到目標，存到 900 元的桌遊基金了。一抵達玩具店的門口，晴晴以飛快的速度衝向她朝思暮想

Memo	
8月1日	60元
9月1日	60元
9月30日	40元
10月1日	60元
10月7日	20元

的桌遊前面。媽媽悠哉走到晴晴身旁，卻發現她睜大眼睛和嘴巴，呆呆的站在原地。

「怎麼了？」媽媽問。

晴晴指著櫃子上面的標價，吃驚的說：「本來賣900元，現在漲價變成950元了！」雖然感到生氣，晴晴也沒有其他辦法，只能不甘心的從錢包裡面再多拿出50元來結帳。

回到家後，晴晴依舊憤恨不平，嘀咕個不停。媽媽安撫著晴晴，然後開始向她說明。

東西一直漲價、一直漲價，這就是新聞常說的「通貨膨脹」，簡稱「通膨」。原本900元可以買到桌遊，但是因為東西漲價了、價格變高了，所以同樣的一筆錢就無法買到相同的東西了。

　　媽媽說：「妳看這九張100元紙鈔，它們本身是不是一模一樣，沒有改變？但是它們能夠用來購買東西的能力卻減少了，這種感覺像不像這些紙鈔的厚度『變薄』了？因為金錢的『購買力』變差了，所以我們常常聽到新聞報導說，物價上漲、通貨膨脹讓錢『變薄了』，或是『錢愈來愈不值錢了』這類說法。」

　　晴晴馬上回答：「沒錯！我還得從錢包裡面再掏出50元，這樣一來，我的

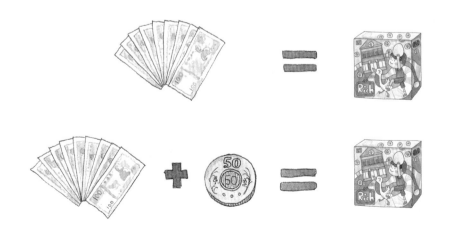

零用錢就變少了。」

媽媽繼續補充：「這就是為什麼通貨膨脹會造成『財富縮水』的原因，因為如果妳想要買到相同的東西，就必須付出更多的錢，如此一來，妳所擁有的錢，也就是妳的財富便減少了。」

「這就像把一件合身的毛衣，丟到烘衣機裡烘乾，拿出來之後卻縮水了。因為袖子和衣服的長度變短，手和肚子沒有衣服的遮蔽，冷風呼呼的吹，抵抗力不好的人就會感冒。如果各種生活用品都漲價，家庭的開銷便會增加，就會對經濟狀況比較差的家庭造成嚴重影響。」

晴晴若有所思的說：「通貨膨脹就像是一隻隱形的怪獸，一點一滴吃掉金錢的價值，也讓我們的財富不斷消失，實在太恐怖了！」

第 **8** 章

節流：減少
支出的方法

排骨飯 80
90

雞腿飯 90
100

　　媽媽看到晴晴的心情漸漸平復下來，便接著說：「對大多數上班族而言，他們靠每個月的薪水過生活。一旦物價持續上漲、收入卻固定不變時，便會發生『入不敷出』的問題。因為現在的薪水，已經無法買到過去生活所需的所有商品，就必須減少購買某些東西；或是貨比三家，到有打折的商店購買；或是改買其他比較便宜的商品，做為替代。」

　　「但是，如果能夠改變消費習慣，在買東西之前多考慮一下，優先購買生活中重要的、需要的商品，以及減少不必要的支出，重新分配預算，還是有辦法滿足日常所需。」

　　「大人有時候也和小孩一樣，會因為一時衝動而買東西，回家用個一兩

次之後就不用了，最後塞到櫃子裡或丟棄；或是買了太多食物，吃不完只能倒掉，甚至放到過期。所謂的『節約』、『節流』，並不是一定要吃不好、穿不好，其實，還能透過抓出日常生活中浪費的元凶，而省下金錢。一旦減少了這類東西的支出，便有足夠的錢來購買真正需要的東西。」

「這就像如果妳有一桶水，當妳把水龍頭開到最大，水桶中的水很快就會流光光；但如果把水龍頭關小一點，妳還是有水可以用，而且可

以用得更久，這就是『細水長流』、『節流』的意義。」

晴晴疑惑的問：「我們如何知道自己買了哪些東西是浪費，或是不必要的支出呢？總是要把它們揪出來，這樣才有辦法改變消費習慣啊！」

媽媽笑著回答：「妳還記得媽媽之前給妳一本記帳本，請妳把每一筆消費都確實記錄下來嗎？記帳的好處，就是可以讓妳清楚看見，自己到底把錢花到哪些地方了。妳可以每隔一段時間去看看之前的紀錄，檢查有沒有買了哪些東西，現在看起來好像也不怎麼樣，或是一下子就不用了、失去新鮮感。把這些經驗記在心裡，以後再遇到類似的情況，就提醒自己不要花錢買了，把這筆錢省下來，妳便學會節流了。」

晴晴打開她的記帳本，像個偵探般尋找蛛絲馬跡，接著她走到玩具箱旁邊，翻出了一個遺留在角落的扭蛋。

她大聲的說：「我打開這顆扭蛋後，新奇的感覺頓時消失了，更氣的是，抽到的還不是我想要的那款玩具！那天回家後，我立刻把它丟到玩具箱裡，要不是剛剛檢查記帳本，我早就忘記它的存在了。下次我經過扭蛋機時，可是要好好克制自己。」

晴晴牽起媽媽的手，左右搖晃起來，用懇求的語氣對媽媽說：「之後如果我忍不住，很想要扭蛋，拜託媽媽一定要提醒我啊！」

第9章

開源：增加
收入的方法

「節流雖然可以減緩金錢流失的速度，卻無法改變錢愈來愈少的事實。畢竟有些生活用品是不能省的，而且過度節流也會影響生活品質。」媽媽接續著提醒晴晴這個觀念。

「為了解決這樣的問題，有些人除了每個月領取固定薪水，也會再透過加班、兼差、打工、投資等方式來增加收入。如果可以找到新的水源，並且注入

到水桶裡面，新的水源除了可以抵銷從水龍頭流出來的水，說不定還能增加水桶裡的水，這就是所謂的『開源』。透過『開

源』和『節流』，雙管齊下的方式，就可以增加水量，應用到日常生活中，就可以增加金錢與財富。」

晴晴覺得很有道理，決定要好好思考如何增加自己的收入來源，並請媽媽和她一起腦力激盪。

媽媽說：「小孩的身心還沒有發育健全，而且還有政府法規的限制，所以最好想一想安全又可行的方法。我們直接分成『在家裡的收入機會』及『在外面的收入機會』這兩大類，再看看分別有哪些方法吧！」晴晴點頭表示贊同。

在家裡的收入機會

晴晴說：「我在家裡最主要的收入

來源就是零用錢了，還有每年過年的紅包。我知道壓歲錢的意義不在於金額的多寡，而是長輩給小孩的祝福，象徵平安健康。但是……」

晴晴停頓了一下，害羞的問媽媽：「隨著年紀增長，小孩的需求也會增加，我的零用錢是不是也能增加呢？」

媽媽看著晴晴，笑著回答：「大人的薪水也會隨著年資與工作經歷而逐漸增加，媽媽當然也會在合理的範圍內，幫妳調整零用錢。」

晴晴很開心，接著又問：「在我做完例行性的家事後，如果爸爸媽媽很忙碌，無法完成某些家事，可以把那些事委託給我做，然後給我一些酬勞嗎？」

媽媽點頭回答：「我們可以和爸爸一起討論，看看有哪些事情可以交給妳

做，以及每件工作的酬勞是多少，訂出大家都可以接受的標準。」

晴晴繼續問：「那如果考試或比賽得獎呢？」

媽媽回答：「用功讀書、認真學習本來就是學生的本分，但如果提供一些獎勵，能帶給妳鼓舞的效果，我們也能討論一個合理的標準。」

媽媽若有所思的告訴晴晴：「不論是零用錢、紅包、家事酬勞、考試獎勵等項目，每個家庭的規定與金額多寡都不一樣。同學之間若討論起這個話題，大家要互相尊重與包容，才不會傷了同學情誼，甚至引發小孩和家長之間的家庭紛爭。」

晴晴點點頭，表示她知道了。

媽媽繼續說：「除了這些，妳也能

把一些保存狀況比較良好、不會再讀的書整理出來，委託大人幫妳放到網路二手書平臺販售，或是賣給二手書店。」

晴晴驚喜的說：「這個點子很不賴！不僅可以賺錢，還可以順便整理書櫃呢。我順便看看還有沒有哪些東西可以拍賣。」

這時候，媽媽舉了一個讓晴晴意想不到的例子：「之前新聞報導說，有一個高中學生，把自己製作的筆記拿到網路上販賣，因為她的筆記製作得很精美，就連地圖都是彩色手繪的，半年內就在網路上賣出了 1,600 本，收入金額超過百萬元呢。」

聽完這則新聞，晴晴驚訝到合不攏嘴，吞了一口口水後，說：「原來只要好好發揮我們的才能，每個人都有機會

零用錢

賣二手書

紅包

考試獎勵

家事酬勞

還有什麼呢？

創造出令人耳目一新的商機啊！」

在外面的收入機會

媽媽接著說：「基於安全與法規的考量，小孩在外面陌生環境的賺錢機會並不多。比較可行的方法，就是詢問爺爺奶奶、叔叔伯伯、阿姨、鄰居等親友，他們有沒有哪些家事可以讓妳幫忙，例如打掃廁所、拖地、遛狗、照顧弟弟妹妹、教導弟弟妹妹做功課……這類可以賺錢的工作。」

晴晴點點頭。媽媽又說：「有時候，學校、政府或一些公司會舉辦繪畫、徵稿之類的比賽，得獎者會獲得獎金或禮物，所以我們也可以常常上網搜

尋這類的消息。」

媽媽這麼一說，晴晴想起了她之前參加元宵節的猜燈謎活動，她得到了一盒彩色筆，自己買的話大約也要200元，這也算是另一種收入呢！

媽媽提醒晴晴：「有些人上了高中或大學之後就會去打工，在找工作的時候，要注意環境是否安全、工作內容是否會危害健康、老闆是否有提供勞保和健保、公司是不是合法經營，以確保自己的安全與權益。」

「這幾年來社會案件頻傳，有不少青少年變成詐騙集團的詐騙對象，或是不慎成為詐騙集團的成員。千萬不要為了賺錢而落入圈套，現在常見的有投資詐騙、詐騙集團車手、海外打工詐騙、職業賭博等。新聞上時不時會出現一些

打工陷阱的案例，必要的話，可以找大
人陪妳一起去應徵。等妳長大後，一定
要注意啊！」

投資詐騙

有不少詐騙集
團會在社群網站、
網路聊天室播放誘
人的影片或廣告，
說什麼只要先交一
筆錢，跟著他們去
投資股票、期貨、
權證、黃金等商
品，就可以輕鬆賺
到一大筆錢。這種

想要快速賺大錢嗎？
立即加入我們！

美好到不像是真的事情，通常不是真的事情。好像在做白日夢一樣，它肯定就是一場白日夢，而且是會讓錢被詐騙光光的噩夢。

詐騙集團就是利用人性中的「貪念」、想要快速致富的弱點來進行誘騙，只要你的觀念正確、立場堅定，就不會上當了。

詐騙集團車手

詐騙集團會利用青少年去進行犯罪行為，例如欺騙受害者把錢匯到某個銀行帳號之後，要青少年拿著提款卡，去提款機把贓款提領出來；有些青少年則是被指派送包裹到某個地方，或是去某

個地點拿取某樣東西，這樣的工作就叫做「車手」。

只要幫忙領錢或是送貨，就可以獲得一筆酬勞，看起來比辛苦打工還容易賺到錢，因此就有青少年鋌而走險去當車手。

然而，車手很容易被埋伏在一旁的警察逮捕，此時詐騙集團早就逃之夭夭，徒留車手在現場，這些青少年因為罪證確鑿而入獄。新聞報導常說，有些青少年遭捕時宣稱，他們只是幫忙領錢或送貨，並不知道這樣是犯罪，但是後悔也來不及了。

海外打工詐騙

有些詐騙集團會在社群網站或人力銀行刊登出國打工度假的訊息，宣稱只要出國一到兩個星期，不僅可以享受免費的機票跟飯店住宿，還能輕輕鬆鬆賺到一筆錢。實際上，這個工作就是當車手，到其他國家幫忙取款。

此外，還有一些到杜拜、歐洲等地方打工的徵人訊息，這類廣告通常強調「沒有經驗、不懂英文的人，也能出國打工賺大錢」。一些想要快速賺錢的年輕人因此上當，等到他們抵達國外之後，才驚覺自己成為詐騙集團的一員，因為人生地不熟、語言又不通，所以求救無門，只能任由詐騙集團唆使犯罪。

類似這種強調不用經驗就能輕鬆賺

錢ㄑㄧㄢˊ的ㄉㄜ˙工ㄍㄨㄥ作ㄗㄨㄛˋ，通ㄊㄨㄥ常ㄔㄤˊ都ㄉㄡ暗ㄢˋ藏ㄘㄤˊ危ㄨㄟˊ機ㄐㄧ，打ㄉㄚˇ工ㄍㄨㄥ前ㄑㄧㄢˊ一ㄧˊ定ㄉㄧㄥˋ要ㄧㄠˋ「停ㄊㄧㄥˊ、看ㄎㄢˋ、聽ㄊㄧㄥ」，確ㄑㄩㄝˋ保ㄅㄠˇ自ㄗˋ身ㄕㄣ的ㄉㄜ˙安ㄢ全ㄑㄩㄢˊ。

職ㄓˊ業ㄧㄝˋ賭ㄉㄨˇ博ㄅㄛˊ

還ㄏㄞˊ有ㄧㄡˇ一ㄧˋ些ㄒㄧㄝ人ㄖㄣˊ聽ㄊㄧㄥ說ㄕㄨㄛ賭ㄉㄨˇ博ㄅㄛˊ可ㄎㄜˇ以ㄧˇ賺ㄓㄨㄢˋ到ㄉㄠˋ很ㄏㄣˇ多ㄉㄨㄛ錢ㄑㄧㄢˊ，一ㄧˋ開ㄎㄞ始ㄕˇ只ㄓˇ是ㄕˋ基ㄐㄧ於ㄩˊ好ㄏㄠˋ奇ㄑㄧˊ心ㄒㄧㄣ賭ㄉㄨˇ賭ㄉㄨˇ看ㄎㄢˋ，

哪知道後來愈來愈沉迷，無法自拔。所謂「十賭九輸」，不少人賠了很多錢，因為負債累累而導致妻離子散、家破人亡。

因為這件事情實在太重要了，所以媽媽不厭其煩的提醒晴晴：「君子愛財，取之有道。一定要找正當的工作，遵守法律規範、倫理道德，心安理得的賺錢。所謂『近朱者赤，近墨者黑』，要遠離壞朋友，冷靜面對威脅利誘，以免誤入歧途，踏上人生的不歸路。」

聽完媽媽這席話，晴晴的心情也跟著沉重了起來，真希望我們能擁有一個祥和的社會。

第 **10** 章

分工合作 的社會

　　晴晴雖然已經上小學了，依然很喜歡萬聖節的熱鬧氣氛，便和同學約好一起參加商店街舉辦的活動。晴晴打扮成愛麗絲、小妍打扮成女巫、凱恩打扮成浩克、文華則是打扮成蜘蛛人，集合完畢後，便浩浩蕩蕩的出發了。

　　他們沿路拜訪了文具店、麵包店、飲料店、快餐店、便利商店、服飾店、運動用品店、機車店、眼鏡店、銀行等，一路說說笑笑，直到袋子裡的糖果多到幾乎要滿出來了才返家。

　　晴晴回到家後，便迫不及待的吃起糖果，並和爸爸媽媽分享今天發生的趣事。

　　「因為不是每家商店都有提供糖果，所以我們就像在尋寶一樣，在大街小巷裡來回穿梭，然後發現社區裡有形

形形色色的商店，他們提供了各種商品和服務。」

講著講著，晴晴突然問起媽媽：「為什麼這些商店要平白無故提供這麼多糖果給小孩？準備這些糖果應該要花不少錢吧？」

媽媽想了想，回答：「這些商店街裡的店家，平常都是因為附近的居民去消費，才能有收入、賺到錢，可以繼續經營下去。他們應該也是基於敦親睦鄰、回饋社區的心態，所以願意共襄盛舉這個有點公益性質的活動。你們受到商店叔叔阿姨熱情的招待，以後會想要再去這些商店買東西嗎？」

看到晴晴點點頭表示認同，媽媽接著說：「這就是一種互惠的關係，可以讓店家和顧客之間建立起良好的

情誼。」

　　我們居住的這個城鎮，矗立著許許多多、大大小小的商店與公司，每間店都扮演著不可或缺的角色，大家分工合作，滿足居民在「食、衣、住、行、育、樂」這些方面的需求。大人自行創業開設公司，或是在某一家商店上班，他們各自製造特定的商品與服務，然後在市場上販售。店家賺到了錢，員工領

到了薪水，就能利用這些錢去購買家人所需要的東西。

金錢在社會上扮演著流通媒介的角色，將所有的消費者、商店、商品串連起來。金錢就好像是我們血管裡面的血液，必須在身體裡面流動，才能把養分輸送到各個器官與部位，一旦血液量不足或是血管阻塞住了，便會危害健康。

「我知道了！」晴晴興奮的說，「這不就像是大隊接力比賽，每個選手都要把接力棒傳遞給下一位選手，大家分工合作，一棒一棒的傳遞下去，最後才有辦法抵達終點線。」

晴晴停頓了一下，又說：「雖然我們班有些人跑得比較慢，有些人則彷彿飛毛腿，但是老師說每個上場的選手都很重要，所以他會安排適當的棒次順

序。只要大家發揮團隊合作的力量，就會有更好的成績表現。」

媽媽點點頭，笑著說：「城鎮上大多數商店的生意都是大同小異，差距不會太大，就如同大隊接力賽裡面的一般選手。但也有幾家商店總是門庭若市、生意興隆，因為它們的金錢交易熱絡，所以可以注入更多能量，帶動地方經濟

的蓬勃發展。妳看看，這類公司像不像大隊接力賽裡面的『強棒選手』呢？」

聽媽媽這麼解釋，晴晴突然從沙發上跳下來，開始做伸展操，然後說：「等一下可以請媽媽陪我去公園練習跑步嗎？我想要好好鍛鍊身體，希望這次運動會，我可以成為我們班的『強棒選手』！」

第 **11** 章

保障消費者
的權益

　　前幾天，晴晴的學校舉辦校外教學活動，中間有一段在老街自由活動的時間，大家東逛逛、西逛逛，好不開心。遠遠傳來一陣叫賣的聲音，不少人圍在一個路邊攤旁，晴晴和同學也前去湊熱鬧。只見攤子上有好多當今熱門的玩具，而且價格出奇便宜，他們覺得實在太划算了，所以就各自挑選了一個玩具，然後開心的回到集合地點。

　　晚上做完功課後，晴晴迫不及待的打開玩具，發現它竟然故障了！便趕緊請爸爸幫忙修理。爸爸仔細檢查以後，告訴她零件已經斷裂了，無法復原。

　　晴晴氣到不行，認為老闆怎麼可以販賣有瑕疵的玩具，讓她白白損失了一筆零用錢，因此開始抱怨起來。

　　爸爸告訴晴晴，誠信是企業經營的

根本之道，販賣不良商品確實是不對的行為，但是消費者也必須為自己的購買行為負起一部分的責任。消費者最好挑選有信譽的商店、

有認證標章的商品，這樣才能保障自己的權益。對於來路不明、外觀像是仿冒品，或價格異常低廉的商品，必須提高警覺，千萬不要貪小便宜。

　　購買不良商品不僅可能造成金錢上的損失，也可能會對健康、環境造成傷害，如此一來，後果就不堪設想了。

　　其ㄑㄧˊ實ㄕˊ政ㄓㄥˋ府ㄈㄨˇ也ㄧㄝˇ有ㄧㄡˇ制ㄓˋ定ㄉㄧㄥˋ各ㄍㄜˋ種ㄓㄨㄥˇ規ㄍㄨㄟ定ㄉㄧㄥˋ，除ㄔㄨˊ了ㄌㄜ˙可ㄎㄜˇ以ㄧˇ保ㄅㄠˇ障ㄓㄤˋ消ㄒㄧㄠ費ㄈㄟˋ者ㄓㄜˇ的ㄉㄜ˙權ㄑㄩㄢˊ益ㄧˋ，也ㄧㄝˇ能ㄋㄥˊ讓ㄖㄤˋ企ㄑㄧˋ業ㄧㄝˋ在ㄗㄞˋ製ㄓˋ造ㄗㄠˋ產ㄔㄢˇ品ㄆㄧㄣˇ時ㄕˊ有ㄧㄡˇ個ㄍㄜˋ準ㄓㄨㄣˇ則ㄗㄜˊ，在ㄗㄞˋ此ㄘˇ基ㄐㄧ礎ㄔㄨˇ下ㄒㄧㄚˋ不ㄅㄨˋ斷ㄉㄨㄢˋ進ㄐㄧㄣˋ行ㄒㄧㄥˊ研ㄧㄢˊ發ㄈㄚ，持ㄔˊ續ㄒㄩˋ推ㄊㄨㄟ出ㄔㄨ更ㄍㄥˋ新ㄒㄧㄣ、更ㄍㄥˋ好ㄏㄠˇ的ㄉㄜ˙產ㄔㄢˇ品ㄆㄧㄣˇ，滿ㄇㄢˇ足ㄗㄨˊ消ㄒㄧㄠ費ㄈㄟˋ者ㄓㄜˇ的ㄉㄜ˙需ㄒㄩ求ㄑㄧㄡˊ，公ㄍㄨㄥ司ㄙ也ㄧㄝˇ能ㄋㄥˊ因ㄧㄣ此ㄘˇ獲ㄏㄨㄛˋ得ㄉㄜˊ利ㄌㄧˋ益ㄧˋ。

　　即ㄐㄧˊ使ㄕˇ對ㄉㄨㄟˋ於ㄩˊ某ㄇㄡˇ些ㄒㄧㄝ東ㄉㄨㄥ西ㄒㄧ，政ㄓㄥˋ府ㄈㄨˇ沒ㄇㄟˊ有ㄧㄡˇ設ㄕㄜˋ定ㄉㄧㄥˋ檢ㄐㄧㄢˇ驗ㄧㄢˋ的ㄉㄜ˙標ㄅㄧㄠ準ㄓㄨㄣˇ或ㄏㄨㄛˋ查ㄔㄚˊ核ㄏㄜˊ的ㄉㄜ˙機ㄐㄧ制ㄓˋ，企ㄑㄧˋ業ㄧㄝˋ或ㄏㄨㄛˋ攤ㄊㄢ

販也必須秉持道德良知來進行交易。也就是說，消費者的權益，需要政府、企業、消費者共同努力保障。

接著，爸爸用手機進行搜尋，然後指著螢幕示意給晴晴看，行政院消費者保護會制定了《消費者保護法》，它的立法目的有兩個主要原因：

1. 保障消費者權益：《消費者保護法》第 1 條即列出立法的宗旨——「保護消費者權益，促進國民消費生活安全，提升國民消費生活品質。」簡單來說，就是要使消費者權益能夠獲得有效保障。

2. 促進企業良性發展：除了保障消費者權益，《消費者保護法》其實也具有社會政策與經濟政策的

使命，帶動商品與服務品質的提升，促進企業良性發展。

「政府有這樣的規定實在太棒了，可是我們一般人在買東西的時候，要如何判斷有沒有符合政府的標準？我們應該如何挑選商品，來讓自己更有保障呢？」晴晴疑惑的問爸爸。

媽媽在一旁笑著說：「不然，這個週末我們去大賣場採購生活用品，順便看看貨架上的商品，有沒有哪些標示或標章供消費者判斷好了。」晴晴和爸爸立刻點頭答應。

到了週末，一進入大賣場，晴晴立

家電區

刻走進家電區，開始像偵探般穿梭在走道中，盤查各種家電用品是否有什麼蛛絲馬跡。晴晴發現電鍋、烤箱、微波爐、電視機、冰箱、洗衣機、冷氣機等家電，上面都貼著各式各樣的標籤。

爸爸指著一個不起眼的小標籤說，這個叫做「商品安全標章」，並把他用手機查詢到的說明拿給晴晴看：

為維護商品品質安全、保障消費大眾安全，凡是由經濟部標準檢驗局公告為強制檢驗的商品，無論國內製造或是自國外進口，均須經過經濟部標準檢驗局檢驗合格，貼上「商品安全標章」，才能在市面上販售。

而ㄦˊ商ㄕㄤ品ㄆㄧㄣˇ安ㄢ全ㄑㄩㄢˊ標ㄅㄧㄠ章ㄓㄤ又ㄧㄡˋ分ㄈㄣ成ㄔㄥˊ兩ㄌㄧㄤˇ種ㄓㄨㄥˇ：

看ㄎㄢˋ完ㄨㄢˊ這ㄓㄜˋ些ㄒㄧㄝ資ㄗ訊ㄒㄩㄣˋ，晴ㄑㄧㄥˊ晴ㄑㄧㄥˊ突ㄊㄨˊ然ㄖㄢˊ明ㄇㄧㄥˊ白ㄅㄞˊ前ㄑㄧㄢˊ幾ㄐㄧˇ天ㄊㄧㄢ爸ㄅㄚ爸ㄅㄚ為ㄨㄟˋ什ㄕㄣˊ麼ㄇㄜ˙會ㄏㄨㄟˋ說ㄕㄨㄛ「消ㄒㄧㄠ費ㄈㄟˋ者ㄓㄜˇ也ㄧㄝˇ必ㄅㄧˋ須ㄒㄩ為ㄨㄟˋ自ㄗˋ己ㄐㄧˇ的ㄉㄜ˙購ㄍㄡˋ買ㄇㄞˇ行ㄒㄧㄥˊ為ㄨㄟˋ負ㄈㄨˋ起ㄑㄧˇ一ㄧ部ㄅㄨˋ分ㄈㄣ的ㄉㄜ˙責ㄗㄜˊ任ㄖㄣˋ」，因ㄧㄣ為ㄨㄟˋ檢ㄐㄧㄢˇ驗ㄧㄢˋ合ㄏㄜˊ格ㄍㄜˊ的ㄉㄜ˙商ㄕㄤ品ㄆㄧㄣˇ品ㄆㄧㄣˇ質ㄓˊ才ㄘㄞˊ符ㄈㄨˊ合ㄏㄜˊ規ㄍㄨㄟ定ㄉㄧㄥˋ，使ㄕˇ用ㄩㄥˋ起ㄑㄧˇ來ㄌㄞˊ也ㄧㄝˇ更ㄍㄥˋ安ㄢ全ㄑㄩㄢˊ。

走ㄗㄡˇ著ㄓㄜ˙走ㄗㄡˇ著ㄓㄜ˙，晴ㄑㄧㄥˊ晴ㄑㄧㄥˊ在ㄗㄞˋ一ㄧ臺ㄊㄞˊ洗ㄒㄧˇ衣ㄧ機ㄐㄧ前ㄑㄧㄢˊ面ㄇㄧㄢˋ停ㄊㄧㄥˊ了ㄌㄜ˙下ㄒㄧㄚˋ來ㄌㄞˊ，大ㄉㄚˋ喊ㄏㄢˇ：「爸ㄅㄚ爸ㄅㄚ、媽ㄇㄚ媽ㄇㄚ，快ㄎㄨㄞˋ過ㄍㄨㄛˋ來ㄌㄞˊ看ㄎㄢˋ！這ㄓㄜˋ臺ㄊㄞˊ洗ㄒㄧˇ衣ㄧ機ㄐㄧ上ㄕㄤˋ面ㄇㄧㄢˋ有ㄧㄡˇ好ㄏㄠˇ幾ㄐㄧˇ張ㄓㄤ貼ㄊㄧㄝ紙ㄓˇ，有ㄧㄡˇ節ㄐㄧㄝˊ能ㄋㄥˊ標ㄅㄧㄠ章ㄓㄤ、金ㄐㄧㄣ級ㄐㄧˊ省ㄕㄥˇ水ㄕㄨㄟˇ標ㄅㄧㄠ章ㄓㄤ、環ㄏㄨㄢˊ保ㄅㄠˇ標ㄅㄧㄠ

| 節能標章 | 省水標章 | 環保標章 | 臺灣製造標章 |

章、臺灣製造標章。」

　　爸爸看著晴晴說：「平時我們都會提醒妳要隨手關燈、節約用水，對不對？如果買了貼有這些標章的電器，它們在運作過程中，就會自動減少電力和自來水的使用量。如此一來，不僅環保，還可以省下不少電費和水費，我們便能把省下來的錢拿來做其他用途，或是儲蓄起來。」

　　晴晴點點頭回答：「原來，每個人只要在買東西時多花一些心思，就能

成為聰明的消費者，節約能源、愛惜地球、為環保盡一份心力。最重要的是，還能省下不少錢，這真是一舉數得啊！」

接著，晴晴再把腳步移往玩具區，仔細觀察後發現，大多數玩具的外盒上都有「ST安全玩具」的標示，基本上，也都有那個小小的「商品安全標章」。

此外，她還注意到了玩具上面會註記適用的年齡，有的甚至還有警告標語和符號，說明這個玩具內含小物件，不適合未滿3歲的兒童使用。

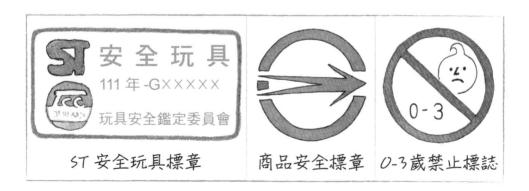

ST 安全玩具標章　　商品安全標章　　0-3歲禁止標誌

　　媽媽說：「挑選玩具很重要，有些玩具的材料表層含有重金屬、有些玩具材質不佳，可能會割傷身體、有些玩具用太久，電池會過熱或漏電、有些填充娃娃內部的填充棉，可能會發霉或孳生細菌，這些都會造成潛在的危險與傷害。」

　　晴晴接著說：「如果買到的玩具適合年齡比自己小很多，玩起來可能會覺得無聊，一下子就會把它擺到一旁；如果買到的玩具適合年齡比自己大太多，可能會太複雜或太難，就會想要放棄。這麼一來，這些錢就白花了，實在是太可惜了。原來買玩具也要注意這麼多細節，我以前都沒發現呢！」

　　當他們來到生鮮區時，晴晴毫不遲疑的走到她最喜歡的火腿區，開始研究

了起來。

「爸爸、媽媽，你們看，這裡的標章和電器與玩具的完全不一樣，而且是直接印在包裝上面，不是用貼紙另外貼到上面的。這個牌子的火腿有好多標章和標語，臺灣國產豬肉、ISO 9001、ISO22000、CAS臺灣優良農產品，還有一個營養標示的表格，清楚記載著產品的重量、營養成分、熱量等資訊。除此之外，連保存方法、製造日期、廠商的地址與電話，也都印製在上面了。我知道

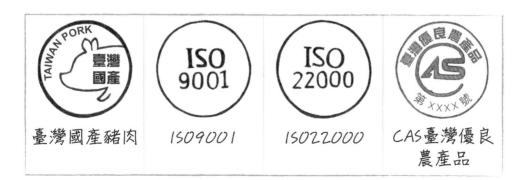

| 臺灣國產豬肉 | ISO9001 | ISO22000 | CAS臺灣優良農產品 |

了！購買這種有信譽的產品，就會很有保障，如果真的發生了什麼問題，也能馬上知道要找哪家公司負責處理。」

媽媽笑笑的回答：「買東西的時候，也要查看它的製造日期和保存期限，要思考家裡有多少人、需要多少數量。食品買太多的話，不僅要囤積在儲藏櫃或冰箱，還很容易在不知不覺中過期，因為放到過期而丟到廚餘桶，是不是很浪費又不環保呢？」

晴晴驚訝的說：「這不就像是把錢丟到廚餘桶或垃圾桶一樣嗎？原來這也是一種亂花錢、浪費錢的行為。我以後買東西的時候也要多多注意，原來精打細算的好處真不少呢！」

媽媽繼續說：「所以食品買適量就好，趁新鮮吃不僅可以補充養分，讓身

體更健康，更重要的是，還可以節省荷
包呀！」

　　晴晴突然想到：「可是我們去傳統
市場時，有些攤販賣的蔬菜水果、豬鴨
魚肉好像沒有這些標章啊？」

　　媽媽回答：「臺灣有許多小農，
他們會自行把
生鮮食物拿到
市場販售，只
要能符合安全
栽種、養殖規
範，一樣能滿
足大眾的營養
與健康。並
不是每一種食
物或生活用品
都需要檢驗後

才能販售，所以企業或攤商的誠信與自主管理便很重要。只要政府、企業、消費者都能扮演好各自的角色，我們便能營造出健全的交易環境，讓經濟蓬勃發展。」

這時候晴晴開始哀號：「看到生鮮區有這麼多食物，我的肚子開始咕嚕咕嚕叫了，等一下一定要多吃一點午餐。」

這次換爸爸開口：「看來大家肚子都餓了，我們加快採買的速度，早點去吃午餐吧！」

第 12 章

投資的目的

　　自從晴晴開始儲蓄之後，撲滿裡面的錢便不斷的增加，終於來到再也塞不進任何一枚銅板的時刻了。晴晴很有成就感，靜靜欣賞著這隻圓滾滾的小豬公，不知不覺竟然睡著了。

　　睡夢中出現了一隻通膨大怪獸，對著她的撲滿口水直流，竟然開始啃食小豬公。晴晴奮力奪回撲滿，但是小豬公已經被咬了好幾口，變得傷痕累累，讓她傷心不已。

　　晴晴從睡夢中驚醒，回想起之前桌遊漲價、通貨膨脹的那次經驗，驚覺她好不容易存下來的錢，可能會隨著時間而貶值，將來的購買力也會減少。

　　此外，她又想起媽媽曾經說過，有些人忽略了把儲蓄拿來做為投資基金的這個重要功能，所以無法發揮「用金錢

創造金錢」的效果。晴晴不想讓她的錢愈變愈薄，決定再向媽媽請教一番。

媽媽笑瞇瞇的說：「妳已經練習規劃自己的零用錢預算，記帳並儲蓄好一陣子了，也明白金錢的價值以及金錢在生活中扮演的角色。有了這些基礎之後，現在開始學習投資，更適合也更有幫助呢！」

接著，媽媽舉例說明：「有個人找了一份工作去上班，領到了薪水。因為這個人必須主動付出他的時間、心力、體力去工作才有薪水，一旦他沒有工作的話，也就沒有薪水了，這種薪水就稱為『主動收入』或『勞動收入』。」

「如果他把儲蓄拿來做為投資基金，也就是幫他的錢找一份工作，讓他的錢去上班、領薪水。因為這份多出來

的薪水不是他主動去上班賺來的，而是他的錢幫他賺來的，所以稱為『被動收入』。這個幫錢找份工作的概念，其實就是所謂的投資，也就是用金錢創造金錢。除了『主動收入』，如果一個人還能擁有『被動收入』，就可以多一份保

障，便能讓家人更安心，也能提升家庭的生活品質與環境。」

晴晴覺得讓自己的錢去上班賺錢的點子實在太棒了，她突然想起：「如果我同學的爸爸有儲蓄習慣，之前出車禍住院時，就能有足夠的緊急預備金來支付醫療費用；如果他爸爸也有把儲蓄拿去投資，受傷期間雖然沒有薪水可以領，卻還是有被動收入，可以支付生活開銷。這樣一來，也許我同學這學期就能和我們一起上直排輪課了。」

想著想著，晴晴深刻體會到預算、記帳、儲蓄、收入、支出、聰明消費、投資等事情，對每個人、每個家庭有多麼重要了。

「事不宜遲，我明天立刻幫錢找份工作，讓它趕快去賺錢！」晴晴急切的說。

看著晴晴誤以為投資是穩賺不賠、沒有風險，媽媽連忙導正她的觀念：「妳不能隨便把妳的錢趕去賺錢，如果它們遇到詐騙集團就糟糕了。妳必須幫妳的錢找到正派經營、獲利穩健、善待員工的好公司，才能領到合理的薪水。如果妳找到獲利不佳或虧損的公司，只能領到微薄的薪水，甚至還有可能領不到薪水。如果妳找到非法或犯罪的公司，說不定還要負上賠償責任，甚至被抓去坐牢，到最後血

本無歸、得不償失呢！」

聽到媽媽這番話，晴晴皺起眉頭，煩惱的說：「把錢放在撲滿可能會被通膨大怪獸偷吃，把錢拿去投資，雖然可能會賺錢，卻也可能會賠錢，到底要怎麼做才好呢？」

媽媽思考後回答：「這確實沒有標準的方法與答案，因為每個人對於獲利的期待以及承受風險的程度都不一樣。有些人願意冒著很高的風險來追求高報酬，他們有可能大賺一筆，也可能大賠一筆；有些人認為，在安全的基礎下追求合理的獲利比較重要，他們寧可讓自己少賺一點，也不願暴露在過度的風險之中。」

這時候，晴晴好奇的問：「媽媽，那妳是屬於哪種類型的人呢？」

媽媽沒有直接回答，反倒問晴晴：「妳還記得投資的目的是什麼嗎？」

「我記得！投資的目的是為了增加一份收入來源，讓生活多一份保障。」

媽媽笑著說：「沒錯，對一般人和家庭來說，投資的目的是為了讓我們多一份收入來源、多一份保障，所以必須控管投資風險、確保資金安全，目標是追求穩定和合理的報酬。媽媽不會抱持著投機的心態，把辛苦賺來的錢拿去賭一把。妳一定要記住，當妳把儲蓄拿去投資，是為了多一份保障，而不是妄想一夕致富、翻倍賺大錢。長大後，千萬不要忘了妳的投資目的，才不會隨波逐流，不知不覺迷失在金錢遊戲當中。」

看著媽媽認真的神情，晴晴用力的點點頭。

第 **13** 章

投資工具
面面觀

「那麼，要如何幫錢找工作呢？」晴晴問。

媽媽說：「幫錢找工作，就是幫錢找『投資工具』及『投資標的』。假設妳要去日本玩，可以選擇要搭乘哪種交通工具，例如空運或海運。當妳決定了交通工具，例如選了空運，接下來，妳就必須再決定要搭哪家航空公司的班機。所謂的投資工具有點類似交通工具的概念，而投資標的就是哪家公司的概念。」

晴晴開心的回答：「這樣的比喻很清楚，我懂了！媽媽可以告訴我有哪些投資工具嗎？」

媽媽開始說明：「這個世界上有各式各樣的投資工具，媽媽介紹幾種比較常見、也比較適合小孩的投資方法給

妳。至於那些比較複雜、也比較不普遍的投資工具，等妳長大了，有興趣再仔細研究吧！」

銀行存款

「首先，最簡單也最安全的方法，就是把錢存到銀行，然後領取利息。但目前的存款利率很低，大約只有 1% 左右，也就是說，妳在銀行存 100 元，一年後大約可以領到 1 元的利息。」

晴晴開始計算，然後驚訝的說：「存 100 元，一年後可以領到 1 元的利息；存 900 元，一年可以領 9 元利息，也就是我的 900 元工作一年後，只領到 9 元的薪水！存到銀行一年後，總金額

變成 909 元，增加的幅度遠遠低於桌遊從 900 元漲到 950 元的幅度，看來通膨大怪獸又略勝一籌了。既然銀行的利率這麼低，為什麼還是有人選擇把錢存在銀行呢？」

媽媽想了想，說：「政府有個存款保險制度，能保障每個存款人，在國

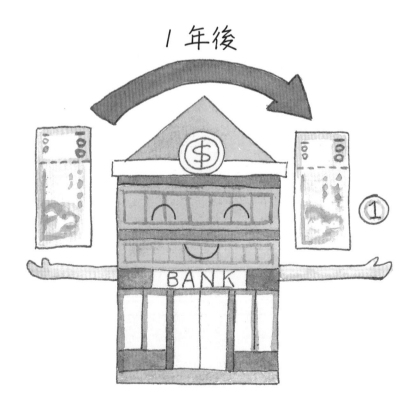

內同一家金融機構的存款本金及利息，合計可以受到最高新臺幣300萬元的保障。因此，只要金額低於300萬元，存在銀行裡就能獲得充分的保障。有些人的風險承受度非常低，他們寧可減少報酬，也無法接受本金遭受絲毫損失，所以會選擇銀行存款做為投資工具。每家銀行提供的利率不太一樣，可以比較看看哪家銀行的利率比較高，再決定要把錢存到哪家銀行。還有一些人，因為不知道如何投資，或是覺得投資很麻煩，所以就乾脆把錢存在銀行。」

媽媽繼續補充：「但要注意的是，由於緊急備用金隨時都可能需要動用，所以把緊急備用金存在銀行時，就不要太在意只能領到比較少的利息了。」

股票

介紹完銀行存款之後，媽媽再開始講解什麼是股票。

「成立一間大型公司需要很多資源，創業者如果沒有足夠資金，便可以考慮讓出公司某部分的所有權，給有資金、有興趣的人來投資。」

「妳可以把公司想像成一個大型的積木模型，創業者自己買下了一部分的積木，剩下的部分就讓對這家公司有投資興趣的人出錢來買。買齊材料之後，創業者便能聘請員工，分工合作進行組裝，並且維護管理這個模型。出錢買積木的人，也擁有了這個模型的所有權。每一塊積木的擁有者，都有權利把自己那部分的積木賣掉；而重新買下積木的

人，就成為模型的所有權人，積木可以在市場上自由的流通買賣。」

晴晴有個疑惑：「這樣的比喻我懂，可是通常我們買了一整盒的積木模型，裡面每塊積木的大小、顏色、款式、功能都不太一樣，單塊積木的價格要怎麼設定呢？」

媽媽笑著回答：「如果遇到模型有缺配件，要買單塊時，每種積木的價格確實會因為款式而有所不同。但是，在我們把公司比喻成模型的狀況下，同一家公司的每一塊積木都是設定為一模一樣的。公司的『股票』就如同模型裡的『積木』，把所有積木組裝起來，就可以完成一個模型；把所有股票加總起來，就成為一家公司。」

「因為一家公司的所有權已經切割

成一張一張的股票了，所以投資人就可以在股票市場進行交易。股票市場裡面有各式各樣的公司，就如同玩具店裡面有形形色色的積木模型。小孩可以根據自己的預算和喜好，挑選適合的模型。大人則是根據個人的資金與喜好，投資自己有興趣的公司。」

「聽完媽媽的解釋，我更清楚了！」晴晴開心的說。

接著，媽媽突然出了一個問題：「一張 1,000 元鈔票是由幾個 1 元銅板組成的？」

晴晴立刻回答：「我知道，1,000 個 1 元的銅板。」

媽媽點點頭說：「一張 1,000 元鈔票是由 1,000 個 1 元銅板所組成的，而一張股票則是由 1,000 股所組合而成的。妳想

想，『1股』有沒有很像『1元』的概念呢？存了1,000個1元銅板後，就能換成一張1,000元鈔票；同樣的，累積了1,000股之後，也就變成一張股票了。這也就是為什麼一張股票又稱為1,000股。」

「另外，未滿1,000元的銅板叫做『零錢』，未滿一張的股票則是稱為『零股』。有些人資金比較多，就一張一張的投資；有些人資金比較少，就以零股的方式，幾股幾股的慢慢買。如果把平常浪費的錢節省下來，就可以進行小額投資，聚沙成塔，久而久之就可以累積到一張股票，持續增加下去了。」

媽媽接著又問晴晴：「如果有機會，妳想要成為商店街裡面哪些店家的老闆呢？」

晴晴開始回想商店街的情景，然後

開始分析：「有幾家店的生意特別好，當這些店的老闆應該可以賺不少錢；有些店的生意不怎麼樣，賺的錢應該會比較少；最近還有一些店倒閉了，門口掛著出租的公告，老闆應該賠了不少錢吧！這還用說嗎？正常人應該都會選擇那些生意很好的商店啊！」

　媽媽點點頭：「妳買了某家公司的股票，等於是這家公司的老闆之一，可以稱為這家公司的『股東』。如果這家公司有賺錢的話，妳就有機會獲得報酬，有可能是領到『現金股利』，也就是一筆現金；或是領到『股票股利』，也就是領到一些股票或零股。公司發放現金股利叫做『除息』，發放股票股利叫做『除權』。妳還記得，把儲蓄做為投資基金，目的是為了要多一份被動收

入嗎？」

聽完媽媽的解釋後，晴晴豁然開朗：「所以我必須讓我的錢去會賺錢、會發放股利或股票的公司上班，這樣它們才能領到薪水。」母女倆相視而笑了起來。

媽媽又說：「除了股利之外，還有另外一個賺錢方法。」

聽到這裡，晴晴的眼睛亮了起來。

「如果妳能耐心等待商店舉辦促銷活動，或是在特賣會時再購買，妳就能撿便宜，用比較低的價格買到商品。相同的，股票價格也會上下起伏變動，如果妳能耐住性子，等價格下跌到跟過去比起來比較低的價格時再買，當價格上漲時，再用比較高的價格賣掉，這樣就可以賺到『價差』了。」

晴晴興奮的說：「幫錢找到好公司，不僅可以讓它賺到薪水，如果能耐心等到打折時再買，還有機會再賺到價差，這真是一舉兩得的投資。」

媽媽再度提醒晴晴：「因為股票價格會上下波動、漲漲跌跌，有些人便不斷在股市裡面買進又賣出股票，希望能利用價差快速賺錢。但所謂『水能載舟，亦能覆舟』，他們一下賺了一筆錢、一下又賠了一筆錢，時時刻刻繃緊神經，處在壓力之下，不僅影響了生活與工作，甚至在不知不覺中損害了身心健康。」

「買賣股票是一門大學問，妳長大後千萬不要貿然就投入股市，必須好好學習、深入研究，特別是關於『價值投資』的觀念。奠定好基礎之後，妳就會

以『投資』，而非『投機』的角度買賣股票，讓財富安全穩健的增長。」

基金

「對於那些不知道怎麼學習，或是沒有時間學習投資股票的人，有沒有其他可以參考的投資工具呢？」晴晴很好奇。

媽媽回答：「有一種投資工具叫做『共同基金』，簡稱為『基金』，它的運作模式類似於一群人把他們的錢集合在一起，形成了一大筆資金，交給專家來幫他們進行投資。賺到的錢扣掉必要的管理費和手續費之後，大家再一起分享這些報酬。」

　　晴晴繼續好奇的問：「這些專家也是把錢拿去買股票嗎？」

　　媽媽繼續解說：「我們把這些專家稱為『基金經理人』，由他們決定到底要把這些資金投資到哪些項目，可以選擇的範圍相當多元，可能是股票、債券、期貨、貨幣、黃金等；投資的產業可能是汽車、高科技、能源、醫療保健、太陽能、食品等；可能投資在單一市場，例如臺灣、中國、美國、英國、日本、韓國、印度、越南等；也可能投資在區域市場，例如美洲、歐洲、亞洲、東南亞、拉丁美洲、新興市場等。」

　　「基金公司設定好特定主題的基金商品後，便會開始向投資人募集資金，有興趣的人出資後，這筆『共同基金』便由基金經理人做投資決策，分配資金

的用途。等到這個基金商品正式上市後，其他人也可以自由買賣這項金融商品。當大家投入的資金愈多，這個基金的規模也會愈來愈大。」

「像是這種可以讓大家繼續投入資金購買的基金，就稱為『開放式基金』；若是基金上市之後，就不再對外開放投資購買，這類型的基金就稱為『封閉式基金』。」

媽媽喝了一口茶後，接著說明：「和股票不太一樣，購買基金稱為『申購』，賣出基金稱為『贖回』；股票是用『張』或『股』來計算，基金則是用『單位』（受益權單位的簡稱）來計算；股票價格在買賣時以『成交價』表示，基金則是以『單位淨值』來計算。」

「舉例來說，假設某個人在 1 月時

用 5,000 元申購了某個基金，當時的淨值是 50 元。為了方便說明，我們暫時先忽略必須支付的手續費和管理費。我們把申購金額除以單位淨值，也就是 5,000÷50 ＝ 100，因此他的基金帳戶就會多出 100 個單位。他在 2 月繼續用 5,000 元申購這個基金，當時的淨值是 55 元，5,000÷55 ＝ 90.91，所以他的基金帳戶就會再增加 90.91 個單位。」

「他在 3 月繼續用 5,000 元申購這個基金，當時的淨值是 45 元，5,000÷45 ＝ 111.11，所以他的基金帳戶就會再增加 111.11 個單位。三個月下來，這個人的基金單位數量累積為 100 ＋ 90.91 ＋ 111.11 ＝ 302.02 單位。」

「基金的淨值就跟股票的價格一樣，是會上下波動的。當基金淨值變

高時，相同的資金換算下來，買到的單位數會減少。相反的，當基金淨值變低時，同樣的資金換算下來，買到的單位數會增加。有些人追求安全穩定，就會選擇每個月固定申購相同金額的方式來進行長期投資，也就是所謂的『定期定額』投資。」

「在投資的過程中，隨著淨值上下波動，每次買到的單位數量都可能不同，但只要進行長期投資，就能發揮截長補短的效果，讓保守型的投資人比較放心。除了定期定額投資基金之外，有些人則是選擇單筆購買，也就是直接用一筆資金進行申購。」

聽完媽媽的詳細說明後，晴晴高興的說：「對於不知道如何投資的人來說，基金真是一大福音，只要把錢交給

專家就可以高枕無憂了。」

聽到晴晴這麼說，媽媽趕緊補充：「基金公司擔心民眾會跟妳有一樣的想法，所以廣告上都會註明『投資基金有賺有賠，申購前請詳閱公開說明書』。基金會因為投資國家或區域的政治，或產業類別等因素，而存在著不同程度的風險，因此每種基金都有不同的風險級別。投資人應該了解自己的風險承受程度，不要選擇超過個人的承擔範圍。此外，也不是所有基金都能獲利，投資前最好研究一下基金以及基金經理人過去的績效表現，要謹慎選擇，以免所託非人呢！」

晴晴嘟著嘴回答：「原來天下沒有白吃的午餐，不論是哪種投資工具，投資人都必須花一些心思進行評估啊。」

ETF

這幾年來，還有一種跟基金很相似的投資工具，稱為 ETF（Exchange Traded Funds），中文是「指數股票型基金」，它們一樣可以投資到不同的領域，像是股票、債券、貨幣，以及不同地區、國家和產業。

前面提到，基金要投資哪些項目是由基金經理人來決定，ETF 則是先把投資標的準則設定好，只要符合這些準則就會納入到這個 ETF 裡面，也就是成為這個 ETF 的成分股，類似於它的組成分子的概念。

媽媽繼續介紹：「舉個例子做比喻，有一個班級要推派五個同學組成一個團隊，代表班級去參加科展。如果是

由老師決定由哪五個同學參加，這樣就像是基金的投資標的是由基金經理人來決定。如果學校已經設定好規則，由全班成績前五名的同學參加，只要是成績前五名的同學就會成為科展的團隊，這樣的方法就像是ETF，透過預先設定好的準則來進行篩選。」

「一般基金是由基金經理人以他們的專業能力來評選投資標的，由他們『主動出擊』來完成任務，這類的基金因此被稱為『主動型基金』，由於基金經理人需要花費比較多的心思去研究、管理基金，所以投資人就必須支付一些管理費和手續費。相反的，ETF是根據預設的準則來選擇投資標的，一旦某個投資標的不符合準則時就會被刪除，再由符合標準的新標的納入成分股。這就

像是成績掉出前五名的同學，就會失去參加科展的資格，再由新的同學遞補進團隊，所以團隊的組成人員是跟著班級成績的變動情形來調整。」

「因此，ETF 經理人只是配合準則而『被動』的調整投資標的，由於管理程度相對比較少，所以收取的管理費和手續費就比較低。這也就是為什麼 ETF 被稱為『被動型基金』，因為它們選擇投資標的的方法是『追蹤準則』，也就是所謂的『追蹤指數』。」

聽完媽媽的說明，晴晴說：「這就像是大隊接力一樣，老師先測大家跑步的秒數，如果要 20 棒的話，就是選跑最快的前 20 位同學當選手。我們班去年的選手和今年的選手就有一些改變，因為有人長高了、跑更快了，他們取代了

跑比較慢的同學。原來ETF就是這種概念，我懂了！」

媽媽繼續補充：「ETF的計算方式和股票一樣，以『張』和『股』做為單位，投資人可以選擇買幾張或是買幾股。因為ETF是以追蹤指數來篩選投資標的，所以它的價格波動情形，相似於原先設定的準則，也就是貼近『指數』，所以和市場的變動情形比較一致。」

「有些追求安全穩健的投資人，也會以『定期定額』的方式，設定每個月從銀行帳戶自動扣取一筆金額，來進行長期投資。這和前面基金的定期定額方法很像，把投資金額除以當時的價格後，就可以計算出那一次扣款可以買到幾張或幾股的ETF。ETF的主題非常

多元，投資人應該根據個人的需要、投資目標與風險程度，審慎評估後再做選擇。」

聽完媽媽介紹這四種常見的投資工具後，晴晴發現投資就好像去遊樂園，每個人喜歡的遊樂設施都不太一樣。有些人喜歡雲霄飛車或鬼屋這類比較刺激的遊戲，有些人則是喜歡旋轉木馬或遊園車這類比較溫和的遊戲。無論如何，選擇適合自己的項目，才能玩得安全又盡興呢！

第 **14** 章

小孩也能
安全投資

　　講了這麼多話，媽媽都口渴了，便提議：「不如我們先喝杯茶、吃點心，然後換妳分享心得吧！」

　　於是兩人休息了一會兒，過沒多久，晴晴開始說：「投資的目的是為了增加一份收入來源，讓生活多一份保障。把錢存在銀行的利息很少，無法抵擋通膨大怪獸的吞噬，卻很有保障。為求安全起見，可以把緊急備用金存在銀行，以備不時之需，剩下來的錢再投資到其他的投資工具上。」

　　「投資股票就是成為一家公司的股東，類似於是這家公司老闆的概念，雖然有機會可以獲得比較高的利益，但相對來說風險也比較高。對於沒有時間研究股票，或是不知道怎麼投資股票的人，可以考慮把錢用來投資基金或是

ETF。」

　「人們申購了基金，就如同把錢委託給基金經理人，藉由他們的專業能力來進行投資，因此需要支付一些管理費和手續費。由於每個基金經理人的專業能力和經驗不盡相同，所以會影響基金的績效表現與報酬。」

　「相反的，ETF是根據原先設定好的標準來調整投資標的，因此績效表現

大致上就會和投資市場的整體表現很相近。由於 ETF 經理人不需要額外花費太多心力來投資，管理費和手續費就會比較低。」

聽完晴晴頭頭是道的分析，媽媽忍不住舉出大拇指讚美她，然後問：「之前妳急著要幫妳的錢找一份工作，在了解完這四種投資工具的特性之後，妳要怎麼幫妳的錢安排工作呢？」

晴晴思考了一下，說：「股票對小孩而言，太困難、太複雜了。而基金的變動幅度以及管理費和手續費，基本上會大於 ETF。等我長大成熟，培養更多投資理財的知識與觀念，有能力再選擇股票和基金。安全穩健很重要，另外也必須是簡單可行的，這樣小孩才有辦法執行。目前看起來，把錢存到銀行以及

投資 ETF，應該是比較適合小孩的投資方法。雖然我已經知道 ETF 的原理了，但究竟要選擇哪個 ETF，仍然需要大人的協助。」

為了解釋，媽媽先說了《愛麗絲夢遊仙境》故事裡的一段劇情──

愛麗絲問那隻貓：「可以請你告訴我，我應該走哪條路嗎？」

那隻貓回答：「這就得看妳想去哪裡呢？」

愛麗絲說：「我不知道要去哪裡。」

於是那隻貓告訴愛麗絲：「如果妳不知道自己要去哪裡，那麼不管選擇走哪條路也都無所謂了。」

媽媽跟晴晴說：「有些人不知道自

己要的是什麼、也沒有目標，一下聽到別人說這個好，一下又聽到別人說那個好，愈聽愈糊塗、愈聽愈心慌。所以常常三心二意、變來變去，搞得自己每天緊張兮兮，最後什麼錢都沒賺到。」

「ETF 有不同的主題，投資的領域、產業、國家區域都不一樣，所以價格變動的幅度和風險程度也有差別。適合別人的不一定適合我們，適合我們的也不一定適合別人，每個人還是需要根據自己的投資目標、偏好、需求、風險承受程度等因素來做選擇。」

「妳已經明白，我們家的投資目的是為了增加一份收入來源，讓生活多一份保障，因此會堅定這樣的信念，選擇安全穩健，而且會配發優渥股利的 ETF。只要持續進行長期投資，還可以

利用『複利效果』來加速資產的增值幅度呢！」

「看來安全穩健而且會配發優渥股利的 ETF 很適合小孩，但是我們小孩的錢不多，要如何長期投資呢？還有，什麼是複利效果呢？」晴晴好奇的問。

媽媽想了想，說：「之前我們有討論過先把零用錢的十分之一金額儲蓄起來，也就是優先支付給自己的概念。此外，小孩偶爾會有一些壓歲錢、獎勵金、幫忙家務等收入，如果把這些額外金錢漫無目的、隨意花光的話，就太可惜了，最好還是為這些收入安排用途。」

「因為這些錢比較像是『多出來』的錢，所以就可以『多存一點』，如果能存到十分之三的比例是最理想的。同樣的，再把十分之三的金額累積到『願

望基金』裡面，這樣就可以加快買到願望清單的速度。最後，妳還多出了十分之四的金額可以任意支配，這樣一來，魚與熊掌都兼顧了。」

晴晴點點頭說：「沒錯，像這種額外的收入，很容易讓人覺得是多出來的錢，所以在花錢的時候比較不珍惜。我以前都沒想過要為這些錢安排用途，之後我會注意的。」

媽媽繼續說明：「因為小孩的儲

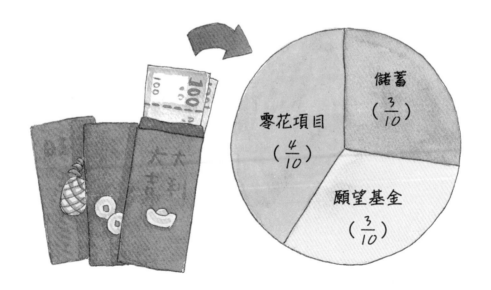

蓄金額比較少，也比較不固定，所以可能無法進行定期定額投資。每年分成上學期和下學期，每個學期的時間是半年。對小孩來說比較簡單的做法，就是以每個學期，也就是以半年為基準來存錢。」

「上學期從 9 月開始存錢，存到隔年領完紅包後，在 2 月的寒假，把所有累積的錢存到銀行帳戶裡面，然後用這筆錢投資購買 ETF。因為小孩存的金額比較少，也許不足以買到一整張 ETF，那就換算一下這些金額可以買到多少零股。」

「相同的，下學期從 3 月開始存錢，一直存到 8 月的暑假，再把所有累積的錢存到銀行帳戶裡面，然後用這筆錢投資購買 ETF。透過這種方式，小孩

一年就可以投資兩次 ETF，不要小看這些錢，小小金額也能聚沙成塔呢！」

晴晴迫不及待的說：「我知道！只要有耐心，一股、一股的累積，等到集滿 1,000 股，零股就會變成一張完整的 ETF 了。接下來，我還想要知道什麼是複利效果。」

看著晴晴充滿興趣的眼神，媽媽開始解釋：「有位名叫巴菲特的偉大投資家說過——『人生就像一個雪球，重要的是，要找到溼的雪和一個非常長的山坡。』這句話的意思，就是如果妳讓一個小雪球從布滿雪花的山坡往下滾，小雪球在翻滾過程中持續不斷附著雪花，到最後就會愈滾愈大。」

媽媽停頓了一下，問晴晴：「妳覺得雪球在乾乾的坡道上翻滾，有辦法愈

滾愈大嗎？」

晴晴不加思索的回答：「沒有可以附著的雪花，雪球是不會變大的。」

媽媽接著說明：「這個雪球就好比妳用錢去買來的ETF，還記得媽媽說必須選擇會配發優渥股利的ETF嗎？這些股利就好比坡道上面的雪花。這樣的比喻，妳懂嗎？」晴晴點點頭。

「那麼，如果用保鮮膜把雪球包

起來，它有辦法在溼溼的坡道上愈滾愈大嗎？」

晴晴搖搖頭說：「這樣子不論滾多久，雪球是雪球、雪花是雪花。因為它們是分開的個體，所以雪球的體積不會變大。」

於是媽媽問晴晴：「妳還記得媽媽之前曾經說過，唯有把『金錢』轉換成『資產』的形式，才有辦法啟動金錢的『增值功能』，發揮利用金錢再創造出金錢的效果嗎？也就是說，妳必須把ETF發放的股利——也就是這些錢，再拿來買ETF，這些股利才會變身成為ETF，然後與妳原本的ETF融為一體。如此一來，妳的ETF數量就會增加，隔年將分配更多的股利給妳。」

「持續把股利『再投入』，就會產

生『錢滾錢、利滾利』的成效。所謂的複利效果指的就是這件事。相反的，如果一領到股利就把它花光光，當下雖然覺得很快樂，卻失去了未來可以滾成大雪球的機會。」

晴晴用手指頭計算，從她現在開始投資，到大學畢業的話，雪球將有十幾年的時間可以不斷的翻滾，想著想著，晴晴的嘴角不禁往上揚了起來。

第 **15** 章

知足常樂

　　吃晚餐的時候，媽媽跟晴晴說：「等一下吃飽飯，我們一起來整理穿不到的鞋子和衣物吧。」

　　飯後，媽媽讓晴晴看了這次「舊鞋救命」的活動內容，其中，又以 12 歲以下的童鞋最為迫切需要。

　　晴晴一邊整理，一邊說：「我看過非洲的相關報導，當地的天然資源匱乏，再加上戰火頻傳，讓人民的生活陷入困境。因為饑荒和衛生條件不佳，人們經常處於飢寒交迫及生病的狀態。我已經穿不下的鞋子，也許可以幫忙阻隔土壤上的病菌，保護非洲孩童的雙腳；而那些已經太小的衣服，也能讓他們的身體獲得保護。一想到非洲難民的模樣，我的心裡就好難過。」

　　媽媽安慰晴晴：「我們雖然沒有改

變大環境的能力，卻能盡一己之力提供物資援助，在心裡默默散發關懷，給遠在地球另一端的難民。」

媽媽接著又說：「很多人都希望過著幸福快樂的生活，但是究竟什麼樣的生活叫做幸福快樂呢？對於身處戰亂的非洲孩童來說，沒有戰爭、有衣服和鞋子可以穿、三餐可以溫飽、有遮蔽的住所，甚至能去上學讀書等，可能就是他們夢寐以求的幸福人生了。但對於物欲很高的人來說，住豪宅、開名車、戴

233

珠ㄓㄨ寶ㄅㄠˇ、餐ㄘㄢ餐ㄘㄢ吃ㄔ山ㄕㄢ珍ㄓㄣ海ㄏㄞˇ味ㄨㄟˋ等ㄉㄥˇ，這ㄓㄜˋ類ㄌㄟˋ奢ㄕㄜ華ㄏㄨㄚˊ的ㄉㄜ˙享ㄒㄧㄤˇ受ㄕㄡˋ才ㄘㄞˊ稱ㄔㄥ得ㄉㄜ˙上ㄕㄤˋ幸ㄒㄧㄥˋ福ㄈㄨˊ快ㄎㄨㄞˋ樂ㄌㄜˋ。」

「每ㄇㄟˇ個ㄍㄜˋ人ㄖㄣˊ對ㄉㄨㄟˋ於ㄩˊ幸ㄒㄧㄥˋ福ㄈㄨˊ快ㄎㄨㄞˋ樂ㄌㄜˋ的ㄉㄜ˙定ㄉㄧㄥˋ義ㄧˋ和ㄏㄜˊ標ㄅㄧㄠ準ㄓㄨㄣˇ都ㄉㄡ不ㄅㄨˋ一ㄧˊ樣ㄧㄤˋ，我ㄨㄛˇ們ㄇㄣ˙無ㄨˊ須ㄒㄩ把ㄅㄚˇ標ㄅㄧㄠ準ㄓㄨㄣˇ設ㄕㄜˋ得ㄉㄜ˙很ㄏㄣˇ低ㄉㄧ，過ㄍㄨㄛˋ著ㄓㄜ˙安ㄢ貧ㄆㄧㄣˊ樂ㄌㄜˋ道ㄉㄠˋ的ㄉㄜ˙生ㄕㄥ活ㄏㄨㄛˊ；但ㄉㄢˋ也ㄧㄝˇ別ㄅㄧㄝˊ把ㄅㄚˇ標ㄅㄧㄠ準ㄓㄨㄣˇ拉ㄌㄚ到ㄉㄠˋ比ㄅㄧˇ天ㄊㄧㄢ還ㄏㄞˊ高ㄍㄠ，一ㄧˊ輩ㄅㄟˋ子ㄗ˙苦ㄎㄨˇ苦ㄎㄨˇ追ㄓㄨㄟ趕ㄍㄢˇ遙ㄧㄠˊ不ㄅㄨˋ

可及的目標。我們生而為人，不要辜負上天給予的天賦與機會。我們有權利享受富足的人生，讓自己幸福快樂，也幫助他人幸福快樂。」

「最重要的是，當妳達到目標時，一定要感到『滿足』，唯有感到滿足，妳才會覺得快樂。知足的人，就能經常感受到快樂，所以『知足常樂』的人每天都會覺得很幸福。相反的，毫無滿足感的人，擁有再多財富對他來說都不夠，於是一輩子無窮無盡的追逐，過著貪得無厭的人生。一個擁有財富的人，若能再擁有知足感恩的心，就能感受到真正的幸福快樂。」

晴晴點點頭：「我還記得那對貪心的農夫農婦，第一次得到金蛋時開心得不得了，還準備了豐盛的水果去答謝

神明。但他們愈來愈不知足，眼裡只有錢，對於窮苦的人也沒有絲毫的悲憫。我想，他們就是『窮到只剩下錢』的那種人吧。」

媽媽提醒晴晴：「我們生長在一個安康繁榮的國家，只要願意努力，就有機會創造美好的未來，以及享受富足的生活。然而，即便在這樣的環境裡，有些人也因為天生殘疾、家庭貧困、缺乏教育等因素，使他們沒有足夠的能力去謀生，因此過著三餐不繼、孤苦無依的日子。」

「在我們擁有財富之際，必須明瞭這些財富單靠一己之力是無法獲得的，它需要集結眾人的力量才能達成。所謂『取之於社會，用之於社會』，我們在賺錢、存錢、消費、投資之餘，也要將

一一部分的金錢回饋、捐獻給需要幫助的弱勢族群。」

「所謂的給予，不僅限於付出金錢，也能是付出時間或心力，去提供協助。不用刻意做一件很大的善事，我們身旁每天都有許多小小的行善機會，等著我們去履行，例如攙扶行動不便的長輩過馬路、把座位讓給懷孕的婦女、安

慰傷心的朋友、教導同學數學題目等，這些小舉動都可以讓我們的社會更祥和。現在常常能聽到有人感慨，人與人之間的關係愈來愈冷漠，若我們擁有善良真誠的心靈，就能傳遞溫暖的關懷給周遭的親朋好友，社會的無形隔閡就會漸漸消散。」

晴晴和媽媽持續整理著衣服和鞋子，花了將近一個晚上的時間，終於整理好了三箱可以捐贈的物資。

此時，晴晴閉上雙眼，輕輕的把一隻手放在胸口，另一隻手放在箱子上面，懷著知足感恩的心，將滿滿的關懷與祝福傳遞到這些紙箱裡面。期待接受到這些衣服與鞋子的孩童，可以平安健康的長大，擁有幸福快樂的人生。